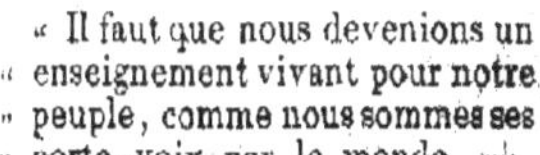

OLEK LE RÉFUGIÉ

PAR STANISLAS BRATKOWSKI.

> « Il faut que nous devenions un
> « enseignement vivant pour notre
> « peuple, comme nous sommes ses
> « porte-voix par le monde. »

PARIS,

A LA LIBRAIRIE SLAVE,

IMPASSE ST-DOMINIQUE-D'ENFER, 4.

Avril 1848.

OLEK LE RÉFUGIÉ.

OLEK

LE RÉFUGIÉ,

PAR STANISLAS BRATKOWSKI.

LIVRE DÉDIÉ AUX PROSCRITS DE TOUS LES PAYS.

> « Il faut que nous devenions un
> « enseignement vivant pour notre
> « peuple, comme nous sommes ses
> « porte-voix par le monde. »

PARIS,

LIBRAIRIE SLAVE, IMPASSE SAINT-DOMINIQUE-D'ENFER, N. 4.

—

1845

OLEK

LE RÉFUGIÉ.

I.

— Que tu es bon, mon papa! je t'aime mieux pour
cela que pour les bonbons que tu m'as apportés, disait
une petite fille de cinq ans, en se jetant au cou de son
père, qui venait de donner l'aumône. Le père embrassa
l'enfant avec tendresse.

— A présent, le pauvre achetera des dragées à ses enfants, continua la petite fille.

— Il leur achetera du pain, répondit le père en se-couant la tête.

— Et s'ils étaient sages, pourquoi ne mangeraient-ils que du pain ?

— N'as-tu pas vu qu'ils n'ont que ce qu'on leur donne ?

— Pourquoi ne leur donnera-t-on rien que du pain ? Oh ! moi je n'aime pas le pain sec, et si tu voulais me donner quelques sous, je les porterais à ce bon petit pauvre : il ne doit pas être loin ; je lui dirai d'acheter du pain et quelque chose avec.

Le père, ravi de cette proposition, qui résumait tout le bon naturel de sa fille, s'empressa, en la comblant de caresses, de lui mettre dans la main une pièce de mon-naie. L'enfant referma la main avec précaution, non sans regarder auparavant la pièce. Elle est blanche, c'est bon ! Merci, mon papa, dit-elle, et elle s'élança enchan-tée dans la rue.

Au même instant, une espèce de caisson rempli de marchandises et attelé de deux chevaux normands, s'a-vançait lourdement dans la rue et fit hésiter l'enfant entre la crainte du danger et l'accomplissement de sa bonne action ; mais le père, qui la suivait des yeux, était là pour prévenir tout accident, et, quand il l'eût tirée d'embarras, ils allèrent ensemble retrouver le pauvre, qui s'arrêtait aux portes des boutiques pour implorer la charité des marchands. La petite fille lui glissa sa pièce de monnaie, et lui recommanda d'acheter des confitures et toutes sortes de bonnes choses pour ses petits enfants. Ensuite le père et la fille, enchantés l'un de l'autre, se dirigèrent vers la promenade publique.

La petite fille aimait le gazon et les fleurs; il fallait de l'air à l'émotion du père et au développement de ses idées suggérées par ce petit incident domestique. C'est à la promenade d'ailleurs que le père demandait à la nature l'enseignement, pour le communiquer à sa fille. Ils s'y rendaient donc avec empressement.

Le père semblait conduire son enfant en triomphe par la ville, entendre à son passage les bénédictions et les applaudissements de la foule; mais c'était son cœur de père qui bénissait, qui applaudissait ainsi.

Il marchait radieux, enthousiasmé, heureux. Voilà un nouveau démenti, pensa-t-il, toujours préoccupé de sa fille, donné aux moralistes, qui disent que l'homme naît méchant, et à ceux qui soutiennent, qu'il ne naît ni bon ni méchant : il naît bon, c'est à l'éducation de ne pas vicier sa nature. Il méditait déjà un plan d'éducation pour sa fille; mais celle-ci interrompit sa rêverie en lui faisant mille questions à propos de son pauvre. Ces questions voulaient dire probablement dans son langage naïf : *Pourquoi les uns sont-ils pauvres, quand les autres sont riches ! Est-ce bien là la loi de Dieu? Cet état de choses ne changera-t-il jamais ?* Le bon père ne voulut pas tomber dans le ridicule en développant les théories sociales à un enfant de cinq ans. — Pour satisfaire à cet esprit d'analyse propre à tous les enfants, il lui acheta des joujous

qui , par leurs mouvements et leurs sons , éveillant la curiosité de sa fille, l'amenèrent à des préoccupations plus à
la portée de son âge. Dès qu'elle les tint , elle tourna toute
son attention sur ces merveilles ; et quand ils furent rendus au jardin public et assis sur un banc , elle se mit à
briser et à défaire une à une toutes ces fragiles babioles,
pour découvrir d'où venaient ce mouvement et ces sons.
Le père la regardait faire avec contentement , et poursuivait les plans de direction à donner à cette bonne nature.

Tandis que le père et sa fille se préoccupaient de deux
choses différentes, mais également sérieuses : l'enfant, de
la recherche de l'*inconnu*, et l'homme , de l'éducation de
l'enfant , le caisson marchand , dont nous avons parlé ,
s'arrêta précisément devant la maison habitée par Olek
(c'est le nom du père avec lequel nous avons fait connaissance), sa femme et la sœur aînée de celle-ci.

Un homme entre deux âges , d'une taille moyenne ,
doué d'un embonpoint prononcé, à la figure joviale et rubi-
conde, descendit lestement de la voiture; confiant dans la
longanimité de ses chevaux, il jeta négligemment les
rênes et pénétra dans l'appartement des deux sœurs.
A l'accueil qu'on lui fit, on devinait que c'était un
proche parent et un parent aimé, dont la visite serait
agréable en tout temps. Il s'est écoulé cependant bien
des années depuis qu'ils se sont vus pour la dernière fois.
M. Bourguignon, occupé de son commerce ne quittait
jamais sa ville; ce n'est que depuis peu qu'il s'était mis

à fréquenter les foires, et ses nièces ne devaient qu'à cette circonstance de l'avoir pour hôte.

M. Bourguignon arrivait dans la ville de C... pour la foire qui devait s'y tenir le lendemain, jour de Saint-Pancrace. Il descendit chez ses parentes, logea comme il put ses chevaux et déballa ses marchandises à la nouvelle halle; car la ville venait d'être dotée d'une halle et d'une fontaine, deux monuments qui firent la gloire de M. le maire.

Quand M. Bourguignon eut terminé tous ses apprêts, ses préparatifs, et qu'il put jouir de quelque repos, sans nuire à ses intérêts, il retourna chez ses nièces, où on n'attendait que lui, Olek et la petite fille pour se mettre à table.

—Ah ça, Sophie, dit-il, en entrant, à une de ses deux parentes, je n'ai pas encore vu ton mari; il me tarde de faire sa connaissance. Ne l'as-tu pas prévenu qu'un tonton vient de lui tomber du ciel.

—Il ignore encore ton arrivée, mon oncle, repondit la jeune femme : il venait de sortir avec sa fille lorsque tu es entré.....

— Il est sorti avec sa fille.... me voilà donc grand-oncle !

— Et tu seras fier de ta petite nièce.

— Comme je suis fier de sa mère.

— Vous êtes un flatteur, monsieur mon oncle.

— J'avoue cependant que j'ai été tout étonné d'apprendre ce mariage. Il faut, pour que ma nièce ait pu se décider à faire choix d'un étranger, que ce soit un sujet accompli. Te rend-il heureuse au moins ?

— Oh! bien heureuse, mon oncle. Lui! le père de ma fille, qui est tout son portrait!

— Serions-nous encore dans la lune de miel!

— Je ne sais même pas comment l'on est pendant la lune de miel : depuis six ans les jours se suivent et se ressemblent pour nous; nous nous aimons et nous sommes contents.

— Tant mieux, tant mieux, que ce soit toujours ainsi. Mais à propos; je suis arrivé seul ici, je n'ai personne avec moi pour m'aider à la vente; ton mari ne voudrait-il pas me rendre ce service pendant la foire?

A cette demande la femme sourit.

— Ce sourire... reprit alors M. Bourguignon, 'est-ce que tu trouverais étrange... ?

— Non mon oncle, mais Olek n'entend rien au commerce : d'abord il n'aime pas à parler pour ne rien dire, et ensuite son genre, sa manière d'être, pourraient déplaire à la foire.

— On voit bien que tu n'es pas marchande. Est-ce que cela s'appelle parler pour ne rien dire, quand chaque parole *enlève une pratique*. Nous vivons, à ce qu'il paraît, dans les grandes manières : mais, alors, que fait-il ce beau prince? travaille-t-il dans quelque bureau?

— Il n'y a pas ici de place qui convienne à un homme de son mérite : sans sa qualité d'étranger, Olek occuperait dignement une haute position.

— Il ne fait donc rien ?

— Il s'occupe, travaille même beaucoup, il étudie, il écrit.

— Et cela lui rapporte ?...

— Rien, nous pouvons vivre sans cela ; ce sont là de ces travaux de longue haleine.

— Nous vivons dans un temps, ma chère, où il faut semer et récolter le même jour.

— Il y a des individus, comme des nations, qui sèment ce que ne récolteront que les générations éloignées.

— Nous parlons, je vois, comme un livre ; mais les livres ne sont pas toujours des oracles. Qui ne récolte rien sa vie durant, que laissera-t-il à ses descendants ?

— Les espérances !

— Le grain dans le grenier est plus sûr que la gerbe sur pied. Qu'est-ce qu'un homme qui ne sait pas gagner sa vie ?

A ces dernières paroles de M. Bourguignon, Olek entra, portant à son cou sa charmante enfant chargée de joujoux, impitoyablement mutilés, ayant subi l'*analyse*.

Des trois personnages témoins de la sentence prononcée par le marchand, en forme de question, Madame Olek seule ressentit le trait lancé sur son mari ; sa sœur, parfaitement de l'avis de son oncle, prenait son opinion commercialement ; Olek y attachait un sens philosophique. Il s'arrêta au milieu du salon comme pour réfléchir, et aurait probablement fini par formuler quelque principe à ce sujet, si avant de prendre ce soin, il n'eût fallu d'abord faire connaissance avec le nouvel arrivé.

Il déposa son fardeau chéri sur les genoux de sa femme, celle-ci passa sa petite-fille à M. Bourguignon, et d'une voix légèrement émue, lui présenta son mari et son enfant. On s'entretint tout d'abord du pauvre et de la charité de l'enfant; à la ronde on la combla d'éloges et de caresses; elle répondit tendrement aux caresses et ne comprit rien aux éloges.

Cette entrée en conversation prédisposa M. Bourguignon à la bienveillance. Il se sentit, de prime abord, attiré par un lien sympathique vers son neveu, qu'il voyait pour la première fois. Olek, alliant le respect des enfants du Nord envers les grands parents avec la cordiale familiarité de l'Occident, et s'étant posé vis-à-vis de son oncle en respectueux ami, son affection pour lui s'accrut rapidement, et quand ils se mirent à table, ils étaient déjà comme deux bonnes et anciennes connaissances. L'oncle ne savait pas cependant s'il devait renouveler la proposition faite tout-à-l'heure à sa nièce; comment, en effet, chercher à produire à l'étalage d'une foire un homme digne, pour le moins, à en juger par son air, de présider une chambre de commerce. Ce n'est pas qu'Olek ressemblât en quelque chose à ce personnage régulateur des affaires commerciales; mais cette comparaison, se présenta tout naturellement au marchand : il était donc décidé à renoncer à son projet, et pensait aux moyens de se procurer un commis pour le temps de la foire. Olek, informé par sa femme de ce qui s'était dit dans son absence, devina la préoccupation du marchand, amena la conversation sur ce sujet, et lui offrit lui-même ses services, au grand étonnement de tout le monde. M. Bourguignon, surpris d'abord, éclata ensuite en démonstrations non équivoques de reconnaissance; il tendit la main à Olek, lui donna l'accolade et le pria d'user avec lui en toute chose en bon parent, et de ne lui jamais parler qu'en le tutoyant.

Le lendemain donc de bon matin, Olek s'installa à la halle. Tandis que l'oncle se promenait le long de son étalage, en attendant la *pratique*, lui, il étudiait le prix des marchandises. Elles étaient toutes marquées en *chiffres connus*, espèce de recommandation aux yeux du public, qui ordinairement ne se rappelle guère que ces chiffres précieux nous viennent des *Arabes*. Cette circonstance servit merveilleusement Olek pour connaître en peu de temps les prix des marchandises et pour les classer avec ordre et méthode sur l'étalage et dans sa mémoire. Néanmoins, l'oncle et le neveu restèrent une partie de la journée sans voir venir de chalands. En attendant, Olek rêvait, et M. Bourguignon continuait sa promenade en silence, jurant tout bas contre une marchande de pain d'épice, dont l'étalage cachait en partie le sien.

Cependant le bruit se répandit dans la ville que le jeune étranger, le philosophe, le littérateur, le capitaine, le décoré, le beau mari de la charmante demoiselle Sophie (tous ces noms désignaient Olek dans la petite ville) tenait boutique à la halle. En un clin d'œil, comme si l'on s'était donné rendez-vous, tout ce qu'il y avait de monde

élégant, voire même Madame la sous-préfète, les épouses
de M. le maire et du capitaine de la garde nationale, leurs
filles et nièces, envahirent le sombre étalage de M. Bourguignon. A la vue de tant d'acheteurs du haut parage, la figure du marchand s'épanouit, le moment était venu pour
lui de se montrer; il déploya donc toute son éloquence,
débita force paroles et salutations; mais il en était pour
ses frais, on n'était pas venu pour lui, mais pour voir un
phénomène, une curiosité, l'homme répandu dans la société et versé dans les sciences, installé à la foire. Aussi, ne
faisant point d'attention au patron, elles s'adressèrent au
commis; elles lui demandèrent de voir ses nouveautés
avec ce ton moitié moqueur moitié bienveillant, qui voulait
dire : Vous n'êtes pas à votre place : voyons comment
vous allez vous en tirer. Olek déploya les étoffes de-
mandées et parla d'autre chose; ce n'était qu'en pour-
suivant la conversation, qu'il revenait insensiblement
sur ses articles et finissait en peu de mots : bonne qualité, bon goût et prix fixe, pas une phrase de plus,
et tout cela avec non chalance, comme s'il informait un
ami du prix d'un objet qu'il venait d'acheter lui-même.
Son oncle ne comprenait rien à cette manière. Prix fixe!
mais non, on le hausse ou on le baisse, selon la position
ou l'intelligence des acheteurs. Rien que quelques mots
pour faire valoir la marchandise! si peu de souplesse!
Il aurait sans doute, la journée finie, donné congé à son
malencontreux commis, si le compte fait, la recette n'avait
dépassé, au triple, au quintuple ses espérances. Alors,

moins confiant dans son savoir-faire, M. Bourguignon semblait s'apercevoir que son apprenti était passé maître, et qu'avec un commis comme celui-là, la fortune de tout marchand serait assurée. Il proposa donc à son neveu d'établir à C... une maison de commerce, de compte à demi. Mais Olek ne se sentait point de vocation pour le négoce; il savait qu'il ne devait son succès qu'à l'attrait de la nouveauté, il sentait qu'au milieu de la concurrence sans limite ni mesure, il faudrait user de ruse et d'astuce pour ne pas tomber. Il ne voulut pas embrasser une profession dans laquelle l'intérêt et le devoir seraient chaque jour en antagonisme. Il fit donc renoncer, non sans peine, M. Bourguignon à son projet.

Cependant il sentait bruire dans ses oreilles les paroles de M. Bourguignon :

» Qu'est-ce qu'un homme qui ne sait pas gagner sa vie. »

Olek était, dans son pays, assez riche propriétaire, seigneur de trois ou quatre villages, il était aussi ce qu'on appelle en France homme de lettres. Bien jeune encore, il avait obtenu quelques succès; la foule avait applaudi à ses œuvres scéniques; les journaux parlaient de lui avec avantage; il était honoré de l'amitié de Lelewel, de Casimir Brodzinski, d'Adam Mickiewicz, des frères Sniadecki, de Mademoiselle Clémentine Tanska aujourd'hui Madame Hoffmann. Ses compatriotes savent ce que valent ces noms dans les sciences et la littérature. Leurs encouragements, leur approbation, consacraient pour ainsi dire la vocation d'Olek et le poussaient à la persévérance. Quand la nuit du 29 novembre réveilla la nation, Olek la salua de quelques écrits inspirés par cet évènement grandiose et gros d'enseignements ; ensuite il prit les armes. De simple soldat volontaire, dans quelques mois, ayant gagné successivement tous ses grades, il fut, à la bataille d'Ostrolenka, nommé capitaine et décoré de la croix du mérite militaire (1). Après les désastres de la patrie, Olek parvint à se réfugier en France, et bientôt il se sentit renaître au milieu du mouvement intellectuel qui s'accomplit au sein de la grande nation. L'histoire de la révolution française, l'histoire de la civilisation en France, ses institutions, ses philosophes, ses penseurs, ses poètes, ses orateurs, ses savants et généreux utopistes; quel vaste champ à explorer, pour un étranger *qui n'a connu qu'en exil la liberté de la presse et de la parole!* Il se jeta donc à corps perdu dans la lecture, étudia toutes les questions vitales de l'humanité, médita l'histoire de son pays dans toutes ses phases de gloire et de malheur, poursuivit à travers les siècles sa destinée, son but, sa mission dans l'humanité, et se prépara ainsi à des luttes nouvelles, pour que le soldat, devenu citoyen éclairé, pût non-seulement commander les bayonnettes, mais combattre aussi avec les armes de la pensée.

(1) Virtuti militari.

Certes, c'était bien employer son temps que de le consacrer tout entier à l'étude, dans l'intérêt de son pays, mais ce n'était pas encore assez, et les paroles de l'oncle vinrent à propos imprimer une autre direction à l'activité d'Olek.

Jusqu'alors celui-ci, absorbé dans ses méditations, pâlissait sur des livres, ou couvrait le papier des idées qui débordaient de sa tête et de son cœur. Mais on venait de dire à ce savant qu'il ne savait pas gagner sa vie, et le savant comprit sa position. Des sphères supérieures où son esprit planait en liberté, il descendit modestement sur la terre, que l'homme n'abandonne jamais impunément, tant que dure sa vie matérielle.

— Oui, s'écria-t-il, oui, tout homme doit trouver en lui la force et le courage nécessaires pour vivre de son travail. Il ne convient pas qu'il soit à la charge de ceux qu'il doit au contraire protéger et nourrir. Il ne suffit pas de remplir son esprit de théories philosophiques, sociales ou scientifiques; il ne suffit pas de méditer des réformes, de s'occuper du sort du travailleur dans le silence du cabinet, il faut encore demander à la vie active ses épreuves et ses enseignements. Le paysan de mon pays est vassal du sol, je veux me faire vassal de l'industrie ou de la bureaucratie; et quand ensuite moi, vassal comme lui, je parlerai de sa liberté et de l'amélioration de son sort, je parlerai avec l'autorité de l'expérience pour un intérêt commun.

— Deux devoirs à remplir! domestique et public,

hâtons-nous de profiter de l'avertissement généreux d'un homme de bon sens. Je ne renoncerai pas entièrement à mes occupations chéries, j'aurai encore le temps d'étudier, de rêver; mais les rêves, les théories seront pour mes nuits : ils sont improductifs, comme dit M. Bourguignon, je ne leur donnerai plus mes journées. Improductifs! oui certes, ce n'était pour moi naguères et pour mes pareils qu'une considération sans aucune portée; nous vivions alors de ce que produisait *l'homme exploité*. Soyons donc, s'il le faut, exploité à notre tour, si ce n'est qu'à ce prix que nous devons acquérir et propager la science de la vie, du bonheur de nos frères.

A peine M. Bourguignon eut-il le temps de retourner dans ses foyers après la foire, qu'Olek quittait déjà la ville de C..., où on le considérait assez pour lui ouvrir toutes les maisons, l'admettre à toutes les sociétés et dans l'intimité des familles, mais où on lui aurait refusé une place de commis dans une boutique ou dans un bureau; pour les uns c'eût été le faire déroger, les autres n'auraient pas osé l'employer. Il alla chercher du travail ailleurs.

Ni les instances, ni les pleurs de sa femme et de sa fille ne purent le retenir : c'était un devoir impérieux qu'il croyait aller remplir, il fut donc inflexible.

Aussi désormais il prit pour devise : *en travaillant pour vivre, travailler à l'accomplissement de l'œuvre commune.*

II.

Un an s'était écoulé depuis la foire de Saint-Pancrace;
M. Bourguignon, son caisson et ses deux chevaux normands vinrent encore visiter la petite ville de C.... Deux
choses le surprirent singulièrement à son arrivée : d'abord
il ne voyait pas Olek sur qui il comptait, à qui il pensait le
long de la route. Le succès de l'année dernière lui faisait
espérer de nouveau un aussi heureux résultat, avec l'assis-
tance de ce cher neveu. Mais ce qui l'étonnait et le contrariait plus vivement encore, c'était le magasin de
nouveautés, de châles et do soieries, de mêmes articles
que les siens, en un mot, tenu à son insu par ses plus
proches parentes, devenues ses concurrentes, et dont
l'aînée s'était même installée à la halle. Cependant

M. Bourguignon n'a pas peu contribué lui-même à ce nouvel établissement. L'an dernier, on l'a dit, il proposa à son neveu d'élever de compte-à-demi un magasin dans ce genre, nous savons que le neveu avait refusé; mais la sœur aînée de la femme d'Olek, mariée elle-même bientôt après à un jeune homme de la ville, s'étant emparée de ce projet, parvint facilement à décider Sophie qui ne savait rien lui refuser. On réalisa les sommes nécessaires, et trois mois après le départ de M. Bourguignon, le magasin fut ouvert.

C'est bien là une des manies de notre siècle : tout le monde veut être marchand! Quelques-uns ont réussi jadis, mais c'est qu'ils étaient peu nombreux; aujourd'hui, tout le monde est commerçant, trafiquant, détaillant, débitant, depuis l'armateur jusqu'au fabricant d'allumettes chimiques; chacun est vendeur, et il n'y a plus d'acheteurs. Aussi le cri de détresse se répand-il de boutique en boutique et surtout le jour des échéances : *le commerce ne va pas !*

Cette expérience peut amener pour l'avenir de bons résultats. Les intermédiaires parasites se lasseront enfin de se faire la guerre à leurs dépens, et ils seront forcés d'aviser aux moyens de se rendre plus utiles à eux-mêmes et à la société.

Quoi qu'il en soit, M. Bourguignon oublia les liens de famille, autrefois si chers, et entra en lutte ouverte de concurrence avec ses parentes. L'absence d'Olek sembla pour lui égaliser la chance, et il était aussi enchanté de son départ qu'il paraissait en être contrarié tout d'abord. Singulière idée en effet! On ne se rappelait plus dans la ville de C.... qu'Olek avait eu la fantaisie un an auparavant, de servir de commis à son oncle : cela pouvait amuser la ville une fois, mais une fois seulement. M. Bourguignon commença ses hostilités en refusant l'hospitalité que lui offraient ses nièces et repartit après la foire sans leur faire ses adieux, d'autant plus irrité que sa vente avait subi une baisse considérable, en raison de celle des deux sœurs, auxquelles l'attrait de la nouveauté donnait un grand avantage sur lui.

Mais laissons là, pour ne plus y revenir, la foire et le sage M. Bourguignon, emportant avec lui le ressentiment de sa défaite, et transportons-nous à quelques lieues de la ville de C.... Nous y trouverons Olek employé dans une usine de l'état, en qualité d'aide aux écritures.

Malgré les trois francs par jour qu'on peut parvenir à gagner après plusieurs années de loyaux services, il n'y a pas d'emploi plus inférieur que celui d'aide aux écritures; on s'en sert comme d'un outil qu'on jette après le travail, sans se préoccuper le moins du monde où il va tomber.

Un aide aux écritures peut ne pas savoir écrire, aimer avec passion le *trois-six* et adorer le *clairet* du pays. L'opinion s'étant généralisée à cet égard, elle a compris tous ces messieurs dans la même réprobation. Toutefois, dans ces derniers temps, l'opinion recevait un démenti formel : presque tous les aides aux écritures de l'usine dont nous parlons savaient écrire, ils menaient une conduite régulière, ne buvaient qu'aux repas, étaient assidus aux ateliers; mais quoi qu'ils fissent, ils étaient perdus dans l'opinion. En sera-t-il toujours ainsi ?

Pauvres aides! portez votre croix comme tant d'autres, et espérez! Après 24 ans de services, vous aurez au moins vos invalides ; n'en a pas qui veut ! Il est **vrai** que vous les aurez payés à trois pour cent.

Nous sommes au 1ᵉʳ avril 18**, date sans intérêt quelconque pour le lecteur; qu'il nous soit permis de la mentionner ici en souvenir d'un ami qui a versé des larmes ce jour-là. Le premier tiers de la journée ouvrière commençait sa quatrième heure. Olek enregistrait le poids de pièces terminées. Un jeune homme remarquable par ses manières et son élégance, assis à côté de lui, attendait avec impatience la fin de ce travail.

C'était Victor, fils unique d'un riche propriétaire d'Avignon. Son père avait ouvert sa maison à Olek, à son arrivée dans cette ville, une des premières, où l'hospitalité française a offert un asile aux proscrits. De là date la liaison étroite entre l'exilé et le jeune Avignonnais.

Leur amitié devait être franche et durable : née des sympathies dont les Français entourent toute noble infortune, elle grandit, par la suite, dans l'intimité, du rapprochement de leurs goûts et de leurs caractères, de ce rapport plein d'attraits, entre deux cœurs jeunes et généreux que ne froisse ni n'éloigne aucun intérêt personnel.

Après plus d'une année de séjour à Avignon, quand

les réfugiés, changeant de destination, se dispersèrent sur le sol français, Olek, avec plusieurs de ses compatriotes, se rendit dans le Nivernais. Deux ans plus tard, Victor ayant perdu son père, quitta sa ville natale et vint habiter Paris. Depuis, nos deux amis entretenaient une correspondance suivie; ils s'étaient même revus plusieurs fois, lorsqu'Olek vint furtivement à Paris, pour consulter, dans les bibliothèques, des auteurs qu'il ne trouvait pas dans sa ville, où d'ailleurs aucune bibliothèque publique n'existait. Cette fois-ci, c'est Victor qui, ayant entrepris un voyage, dont il ne disait pas le véritable motif, vint à son tour visiter son ami.

Ces deux braves jeunes hommes ne savaient pas, au moment où ils se serraient la main, quelles souffrances leur préparait le destin. — Olek devait subir le plus grand malheur qui puisse frapper un père; quant à Victor, une déception cruelle devait, un peu plus tard, venir torturer son cœur loyal et chaleureux.

Quand Olek eût posé sa plume et fermé son registre :

— Maintenant je suis en règle, dit-il, nous pouvons causer, cher Victor.

— Si tu ne m'avais pas prévenu, j'aurais été loin de penser que je dusse te trouver enfoui dans une île, au milieu de gens grossiers et ignorants.

— Est-ce là tout ce que tu as pu observer ici? mais sache donc, mon ami, que c'est au contraire moi qui suis venu apprendre chez eux, répondit modestement Olek.

— Je ne présume cependant pas qu'ils puissent t'apprendre à faire les écritures.

— Non sans doute, mais qui ne sait pas écrire? Je regrette de n'avoir pas assez de temps pour apprendre quelque partie de leur état ; j'apprends au moins parmi eux à respecter le travailleur qui prépare des voies immenses à l'humanité.

— Mais toi-même, Olek, que penses-tu faire ici pour cette humanité?

— Ce que je pretends faire? Je constate les grandes œuvres des autres!

— Tu n'es donc que spectateur , et tu pourrais être acteur?

— Je me rends juste et meilleur, voilà pour l'acteur!

Ici le bruit des marteaux de toute façon et les cris des machines couvrirent la voix de nos deux interlocuteurs. Neuf heures venaient de sonner, les ouvriers avant de quitter l'ouvrage pour s'en aller déjeûner , couronnèrent de ce bruit leurs travaux du matin

— C'est donc au milieu de ce vacarme que tu as le loisir de réfléchir, de rentrer en toi-même et d'y puiser ces belles maximes? Pauvre Olek! cria Victor de toute la force de ses poumons pour se faire entendre.

— Ce que tu appelles un vacarme n'est pour moi qu'une musique formidable et tonnante, dont chaque note rend une pensée créatrice. C'est l'appel fait au monde entier de se réunir au plus vite dans un banquet fraternel , c'est un concert...

— Oui vraiment, c'est un concert infernal…

— Dis plutôt concert de géants…

— Heureux auditeur, je te fais mon compliment, interrompit Victor en riant.

— A chaque coup de ces marteaux, continua Olek (de plus en plus enthousiasmé et prenant en bonne part le sarcasme innocent de son ami), à chaque coup de ces marteaux surgit, pour ainsi dire, la pensée des grandes choses, que ces chaudières à vapeur aideront à accomplir, aussi les plus minces détails des travaux prennent ici des proportions grandioses. Ces hommes que tu vois sortir de l'atelier, ruisselants de sueur et cependant pleins d'enjouement, de santé et de force, ce sont les Titans modernes, à eux les Alpes et les Pyrénées, les monts Caucase et les Karpates !

— Toujours rêveur ! dit Victor tristement, mais dis-moi, est-ce bien là le langage d'un petit aide aux écritures qui devrait passer sa vie sans réfléchir à rien !....

— Quand on a observé, on réfléchit : ensuite vient naturellement la conclusion ; et si mon langage est au-dessus de ma position, il serait vraiment stérile et insolite dans la bouche d'un homme qui resterait en dehors de la vie active.

— Toi, officier distingué, homme qui avais une place honorablement marquée dans la société et par le mérite de tes ancêtres et par ton mérite personnel, tu dois horriblement souffrir dans cette triste dépendance. Vos chefs, j'en suis sûr, se croient tous des dieux Neptune pour le moins.

— Mon passé n'est qu'un souvenir, le présent n'est pas à moi, et je travaille, selon mes forces, pour un avenir, qui ne se réalisera peut-être pas de mon vivant. — Ainsi point d'ambition, point de regrets d'une position perdue, point d'espérances personnelles, et quelque humble que soit la place que j'occupe, elle ne saurait humilier en moi le caractère sacré du proscrit. D'ailleurs, mes chefs ici, dont tu exagères les prétentions, attachés à la marine militaire par un lien quelconque, ont pu en prendre les allures et le ton; mais, quoique ce ne soient pas des dieux Neptune, il y a parmi eux de savants ingénieurs, des architectes capables; ils ont la conscience de leur devoir et le sentiment de la justice. As-tu vu, dis-moi, Victor, un établissement, une agglomération d'ouvriers mieux traités et rétribués, de plus belles machines et une plus juste appréciation de travail? Ici le salaire ne subit pas ces variations brusques que lui imposent les hasards des spéculations individuelles. C'est encore du salaire, mais dans les établissements de ce genre gît déjà le germe de *l'organisation du travail.*

— Les pachas qui vous gouvernent ici ne s'en doutent même pas, interrompit Victor avec une sorte de dédain.

— Dieu les mène vers l'accomplissement de ces grandes destinées. Ils sont assez savants pour servir de bons instruments.

— Et toi? voilà la question!

— Mon terrain est ailleurs; ici je me prépare, et c'est encore quelque chose, je suppose, répondit Olek d'une voix convaincue.

— Au lieu d'étudier et de poétiser le bruit des marteaux, ne pourrais-tu pas t'occuper de choses plus sérieuses, plus à la hauteur de ton intelligence, plus utiles à l'avenir de ton pays. ?

— Dans ce bruit des marteaux que tu sembles ridiculiser, je puise un enseignement pour moi et pour mon pays.

— D'ailleurs, ta nouvelle famille est riche, m'a-t-on dit, et tu vis ici seul ; ni les caresses de ton enfant, ni les soins, ni la société de ta femme, ne sont là pour te distraire, te consoler, t'encourager. Tu fuis le toit conjugal, pour te loger, comme je viens de le voir, dans une hutte de sauvage, construite au haut d'une montagne. Aurais-tu fait le vœu d'expier dans l'isolement la faute grave d'avoir contracté des liens indissolubles, toi jadis l'ennemi juré du mariage?...

— Moi, l'ennemi du mariage! Jamais comme institution, se hâta d'interrompre Olek. C'est une institution chrétienne, auguste, sacrée ; je suis ennemi du mariage tel qu'il se pratique dans nos sociétés, où il n'est, à vrai dire, qu'une opération commerciale.

— Je gage que tu t'es marié sans contrat, en vrai chrétien ?

— C'est vrai.

— En communauté de biens, n'est-ce pas ? reprit Victor sur le ton de la plaisanterie. Je te comprends, petit hypocrite, tu t'es mis sous la protection du code. En vérité, il y avait plus de profit à ne pas faire de contrat... une riche héritière, tandis que toi pauvre proscrit,...

— Tu railles, Victor, quand je parle sérieusement.

— C'est encore un moyen, sinon de convaincre, au moins de donner à réfléchir : *Castignat ridendo mores*, si je n'ai pas oublié mon *Horace*.

— Soit, raille tant que tu voudras; mais je suis si peu hypocrite, surtout dans cette circonstance, que je ne sais même pas quelle est la fortune de ma femme et en quoi elle consiste. Tiens, dernièrement, il y a quelques mois à peine, quand, pour lever une maison de commerce en société avec sa sœur aînée, ou plutôt avec le mari de sa sœur, homme d'affaires par excellence, ma femme m'a demandé de comparaître devant le notaire, je la priai de s'arranger avec eux sur parole, sans se préoccuper de moi; en l'épousant, j'étais loin de penser à sa fortune.

— Parbleu ! je t'en crois bien capable.

— Mon cher, quand on n'a rien apporté dans la communauté...

— Comment rien ! s'écria Victor presque indigné. L'homme ne donnât-il que son nom, ce serait déjà une bonne hypothèque. La femme se pare de ce nom comme d'une auréole. Que signifie une femme, quand on ne dit pas d'elle : c'est Madame, Madame une telle ?...

— Pour un homme d'esprit, tu m'étonnes, Victor : toi, proclamer des maximes aussi rétrogrades ? Pardonne-moi, je ne te connaissais pas de ces idées de satrape; je voudrais d'ailleurs te voir à l'œuvre : tu seras plus juste, plus respectueux envers les femmes, quand ce sera pour ton compte.

— Ce ne sera pas de suite, ou plutôt cela ne sera jamais !

— Oh ! le grand mot, jamais !

— Je peux le prononcer avec assurance, car cela ne veut pas dire que je n'aimerai jamais, ou que je n'aime pas déjà, ce qui est bien permis sans prendre les avis de M. le maire. — Vous autres, c'est différent, il vous faut du mariage à tout prix. Je ne conçois pas, en vérité, cette manie qui a passé à l'état chronique dans l'émigration.

— Serais-tu fâché de ce que les Françaises aient assez de courage pour accepter notre sort.

— Je suis fâché pour vous, mes amis, qu'elles aient ce courage, les Françaises. Je vous connais, je vous ai étudiés. Je sais que plus d'un se dit : Je suis bien seul ici, il faut que je cherche une compagne qui puisse partager mes soucis, mes craintes, mes appréhensions, mes espérances, mon amour pour la patrie ; une femme qui me comprenne et me donne du courage ! Alors, heureux dans ma vie privée, je travaillerai avec plus d'ardeur et de zèle pour l'avenir de mon pays. Faux calculs, mes bons amis, elles ne sont pas à votre hauteur. Loin de vous donner du courage, elles ne vous conduisent qu'au désespoir. Votre position exceptionnelle vous élève par elle-même au-dessus du niveau vulgaire ; le dévoûment et le devoir sont chez vous à l'état normal, ce qui ne peut être que l'exception et le privilége des hommes d'élite, est parmi vous, une vertu générale. Aussi vos femmes ne peuvent pas vous comprendre, et là où vous chercheriez le bonheur, vous ne trouverez qu'une cruelle déception.

— On voit, mon ami, que tu fais les honneurs de ta maison, tu flattes tes convives au détriment des gens du logis. Cependant ta proposition, quoique hasardée, mérite une réponse : chez les malheureux, le besoin d'aimer, de s'attacher à quelqu'un l'emporte sur toute autre considération, et voilà pourquoi les réfugiés se marient. Ensuite nous pouvons voir dans ce fait des raisons d'un ordre plus élevé, quoiqu'elles ne préoccupent personne le jour du mariage, des raisons providentielles qui touchent de plus près aux intérêts généraux qu'aux intérêts des individus. *Les émigrations et les croisements de races sont une des conditions de l'unité future.* Quant à moi, je vois que ma femme a bien compris et ma position et mes devoirs. Elle est mon ange gardien dans mon existence de proscrit.

— Et tu te sépares d'elle?...

— J'avais besoin d'un emploi, et ne pouvant pas le trouver dans notre ville, j'ai accepté le premier qui s'est présenté ailleurs.

— Tu étais donc bien pressé?

— Très-pressé, mon ami.

— Cependant... Mais, pardonne-moi, mes questions doivent te paraître indiscrètes.

— Nullement, Victor, comme il ne s'agit d'accuser personne, tu peux tout demander et tout savoir.

— Il y a de ces secrets de famille...

— J'ai rêvé, plongé dans une parfaite quiétude, je me suis réveillé, voilà le secret.

— Ce n'est encore qu'une énigme.

— *L'homme doit savoir gagner sa vie*, m'avertit un sage au moment où j'y songeais le moins ; je le compris, et en complétant sa pensée, je me dis moi-même : *Pour connaître la vie, il faut se mêler à la vie.* Je me suis hâté de mettre en pratique cette théorie, qui certes n'est pas un rêve, et dès lors tout s'explique : je n'abandonne pas non plus mes études et mes occupations littéraires. Vois ce trésor, ajouta Olek en riant, et il déploya devant Victor un manuscrit soigneusement copié, qu'il sortit d'un des tiroirs de son bureau.

Victor se mit à feuilleter le manuscrit.

— Oh ! si j'avais ici mon auditoire, continua Olek, auquel je parlerais dans sa langue, il ne dirait peut-être pas que l'homme qui a fait ceci n'est qu'un ignorant ne sachant pas gagner son pain ; mais un auditoire français manifestera-t-il quelque sympathie pour l'œuvre du réfugié ?

— Veux-tu me confier ce manuscrit, dit Victor, après avoir lu quelques passages.

— Volontiers, mon ami.

— Si je ne me trompe, il y a là dedans de quoi t'assurer une positition et vous réunir, toi et ta femme. Je retourne à Paris, tu viens avec moi ?....

Olek allait répondre, quand une domestique vint les rompre en lui remettant un billet.

« Hâte-toi de venir, lui écrivait sa femme, notre fille se meurt. »

— Mais elle ne mourra pas! oh! non, Dieu ne le voudra pas! s'écria-t-il épouvanté et éperdu; et sans faire ses excuses ou ses adieux à Victor, il s'élança rapidement vers le bateau qui le conduisit sur la rive opposée. A peine débarqué, il se mit à courir avec la rapidité du vent.

III.

Une jolie enfant de cinq ans repose inanimée sur un petit lit mortuaire, et le père infortuné, à genoux devant elle, lui adresse des prières :

— « Je ne prie pas pour toi, ma fille, disait-il d'une voix pleine de sanglots, tu n'en as pas besoin; tu es un ange parmi les anges. Oh! bienheureuse là haut, tu ne souffres pas moins de la misère de ce monde ;—regarde vers le Nord, là tout est chaîne, sang et torture : prie Dieu pour la patrie de ton père. »

Dans les grandes joies qui arrivent rarement, comme dans les grandes douleurs qui arrivent souvent, la patrie est toujours invoquée des malheureux qui n'en ont plus.

Quand un enfant naît à l'un d'entre eux, c'est un défenseur de plus ici-bas; quand il meurt, c'est là haut un patron de plus de leur cause opprimée, de la patrie.

Sans doute, lecteur, vous prenez au sérieux ce mot la *patrie!* mais vous êtes libre, et vos joies et vos chagrins domestiques ne vous ramènent pas à tout instant, à cette unique et sainte pensée des proscrits. Pardonnez leur des regrets incessants. Ils voudraient que leurs malheurs comme leurs joies, que tout ce qui les touche personnellement tournât au profit de leur pays.

Après quelques jours de deuil passés au milieu de sa famille, Olek se disposa à aller reprendre ses travaux.

— Nos joies sont finies, lui dit sa femme, en fondant en larmes et en se jetant dans ses bras.

— Nous avons tout perdu; nous sommes restés seuls avec notre douleur, répondit Olek d'une voix éteinte.

— Oh! que cette douleur serve du moins à resserrer nos liens.

Pour toute réponse Olek la pressa contre son cœur.

La malheureuse femme répondit par une douce étreinte, et un faible sourire vint errer à travers ses larmes.

— Oui, pleure, chère amie, pleure! pense à ta fille qui est heureuse déjà, regrette-la, mais en silence! Puis une pensée inexplicable d'amertume surgissant dans son esprit : — Surtout ne dis à personne, ajouta-t-il, que ta fille est morte, ne dis même pas que tu en avais une. Que leur fait cette perte! n'ont-ils pas assez de leurs naissances et de leurs morts. A présent adieu !

— Que vais-je devenir, mon Dieu?

— Courage, courage! . . . .

. . . .

. . . .

Le sixième jour après le décès de sa fille, à cinq heures du matin, Olek se rendait à l'usine, mêlé aux groupes de plusieurs centaines d'ouvriers. A cette heure du jour, aucun souci ne traverse l'esprit calmé par le repos de la nuit et rafraîchi par la brise du matin. Votre pensée, si vous en êtes susceptible, s'élève alors plus majestueuse et plus pure vers le créateur de toutes choses.

Cependant Olek était le seul qui, dans ce moment, parlât intérieurement à Dieu, à Dieu selon sa science et son cœur; car cela est incontestable, de nos jours, les hommes en général ont des instincts religieux, des aspirations vers l'infini; mais chacun a sa religion à lui, chacun comprend la vie éternelle selon sa nature et ses études. On n'a pas bâti de chapelle à l'établissement, et on ne s'est point occupé de l'instruction religieuse; est-ce à tort ou à raison? Nous oserons dire que dans les époques de transition où il n'y a ni foi ni religion commune, rien ne fait approcher l'homme vers un avenir plus unitaire, que de lui laisser remplir au moins cette partie de sa destinée qui consiste *à embellir, à enrichir le globe, son séjour.*

Pour religion commune, ces gens-là avaient le travail;

ils allaient gaîment à l'ouvrage, sans penser à autre chose. Cinq heures sonnèrent, les portes s'ouvrirent aux premiers coups d'une cloche destinée à prévenir les ouvriers. Après cinq minutes de *grâce*, quand la foule des travailleurs eut enfin envahi l'usine, les issues se fermèrent, et Olek s'apprêta, comme il en avait l'habitude, à procéder à l'appel dans son atelier, mais il vit avec surprise qu'un autre était chargé de ce soin.

Nous avons vu, il y a cinq jours, qu'il était sorti précipitamment de l'établissement, sans demander de permission, sans même prévenir personne. Ses supérieurs, après quelques jours d'attente, ne sachant ce qu'il était devenu, avaient cru devoir le remplacer.

— C'est très-juste, répondit-il au maître d'atelier qui lui fit cette communication, et il se dirigea vers sa montagne.

— Puisqu'un autre a ma place, pensait-il, tout en marchant, la lui disputer serait une indélicatesse. Il est Français, lui; il est citoyen de ce pays, et moi que suis-je? un étranger, un paria. D'ailleurs, je n'ai aucun droit, et en supposant que j'en aie un, je l'ai perdu, puisque j'ai abandonné mon poste.

Le droit au travail n'est pas encore consacré. J'ai vu des hommes ne demandant pas mieux que de s'occuper, forcés de rester oisifs, faute d'emploi. A présent, j'en ai l'expérience moi-même. Mais puis-je me plaindre d'être né dans une époque où l'humanité, qui marche vers un heureux avenir, est encore trop éloignée de son but?

Que faire cependant?

Il me faut quelques jours pour réfléchir, pour me recueillir, pour épurer mon âme au contact de la vraie misère. Seul, sans pain et presque sans asile, je ferai ma pénitence devant Dieu selon mon cœur, je penserai à ma fille, à ma femme. Quelques jours de cette existence, et je verrai....

Il se parlait ainsi, tout en s'acheminant vers la montagne. Sa petite chambre, où il n'y avait rien, reçut, muette et sombre, son hôte désolé, mais résigné.

Le deuxième jour de sa retraite était à sa fin; l'eau coulait en murmurant au bas de sa montagne, le rossignol chantait dans les bois, et, lui, pleurait amèrement sa fille chérie. Il lui parlait, il lui adressait mille questions. Tout-à-coup il entendit frapper à sa porte délabrée; grande fut sa surprise à la vue de son visiteur; cependant il n'en témoigna rien et reçut le nouveau personnage avec l'aisance d'un homme de bonne compagnie. Il était seulement un peu embarrassé de n'avoir pas d'autre siége à offrir qu'un escabeau en bois où le rabot n'avait jamais passé. Mais le visiteur s'était empressé de lui éviter des excuses banales en s'asseyant sur le premier objet à sa portée, et en s'excusant lui-même de ce que, après avoir grimpé sur la montagne, il venait ainsi, sans façon, se reposer chez lui.

— Je ne sais pas, Monsieur, continua le nouveau-venu, si vous me reconnaissez?

— Certainement, M. le directeur, je vous reconnais,

répondit Olék, car c'était le directeur de l'usine royale en personne.

Cette question ne doit pas surprendre ; un employé comme aide aux écritures n'a aucune espèce de rapport avec le directeur et peut rester des mois sans lui parler, sans même l'apercevoir.

— Alors, tant mieux, dit le directeur, je n'aurai pas besoin de me nommer. Vous savez que nous vous avons donné un remplaçant à l'atelier.

— Je le sais, Monsieur.

— Je ne m'en serais pas inquiété autrement, si une lettre de Paris ne venait de m'apprendre à l'instant la perte douloureuse que vous avez faite.

— Le service public ne pouvait souffrir à cause de mon malheur domestique.

— Sans doute, et le service n'a pas souffert. Absent, pendant quelques jours, sans permission, vous avez été remplacé : rien de plus naturel ! Mais à présent que nous connaissons les motifs de votre absence, nous aurions pu vous donner un autre emploi à l'usine, si la lettre dont je viens de vous parler ne vous promettait de plus grands avantages. On vous invite à vous rendre à Paris sans retard. Au surplus, voici une lettre à votre adresse qui probablement vous dira tout. A présent, adieu, Monsieur, ne vous laissez pas abattre par le chagrin.

Olek s'étant confondu en remercîments, accompagna le directeur jusqu'au bas de la montagne, l'aidant à descendre sur les pentes rapides et glissantes, et ce ne fut qu'à l'entrée du chemin qui conduisait à l'usine qu'il prit congé de lui. Rentré dans son réduit, Olck se mit à marcher à grands pas et à se parler tout haut :

— Quoi ! cet homme si fier, si hautain dans l'exercice de ses fonctions, qui ne voit dans ses subordonnés que des numéros ou des instruments, cet homme sait cependant compatir à la douleur d'autrui. Je l'aime, cet homme ! il m'a fait un grand bien ! Oh ! l'espèce humaine est bonne et elle sera meilleure un jour ! Mais voyons ce qu'on me veut de Paris !

C'était une lettre de Victor qui lui offrait une place de secrétaire et lui donnait de grandes espérances au sujet de la pièce de théâtre, dont Olck lui avait confié le manuscrit : — Tout ceci ne réussira peut-être pas, pensat-il après avoir parcouru la lettre ; mais il faut travailler Partons pour Paris.

IV.

Nous savons que Victor habite Paris; de retour de
son dernier voyage, il est chez lui, dans son cabinet
de travail. Il vient de reconduire un monsieur, dont
l'élégance et la tenue, l'air de bonne humeur, de bienveillance et de santé accusent un homme du beau monde,
un insouciant *viveur*.

Ce charmant personnage fait d'ailleurs un assez vilain
métier; il était autrefois littérateur laborieux et distingué,
il se contente aujourd'hui de signer les œuvres d'autrui.
Ce médiocre labeur lui assure un magnifique revenu;
comment voulez-vous après cela qu'il n'ait pas le teint
frais et reposé? — Il vient de remettre à Victor le ma-

nuscrit d'Olek après avoir fait quelques coupures, arrondi quelques phrases et mis son nom près de celui de l'auteur. — C'est plus qu'il n'en faut pour que la pièce soit reçue. Mais jugeant sans doute l'œuvre trop sérieuse et prévoyant qu'elle n'obtiendrait qu'un succès d'estime (dix représentations tout au plus), il renonça généreusement à sa part d'auteur, se contentant d'une légère indemnité de deux mille francs, que Victor paie pour son ami.

Victor, resté seul, se prépare à remplir le rôle dé la Providence à l'égard d'Olek et d'une jeune dame, dont nous ferons bientôt la connaissance; il tient le manuscrit à la main et arpente son cabinet de long en large. L'œuvre est excellente, se dit-il, mais il lui fallait un patron; — nous l'avons trouvé, je ne doute plus du succès; je ne regrette pas le léger sacrifice que je viens de faire; Olek n'en saura rien, il ne voudrait jamais accepter. — Je lui ferai un conte au sujet de son collaborateur, tout s'arrangera; sa petite fortune va commencer. — Je quitte la France, je l'installe mon intendant général, avec de bons appointements; il vient habiter Paris avec sa femme; et mon pauvre ami, heureux désormais, pourra se livrer à des études de son choix; il s'écriera avec le poëte : *Deus nobis hæc otia fecit.* — Le rôle de Mecènes me convient; Olek ne chantera par mes louanges, l est vrai, mais il m'aimera, c'est tout ce que je désire

Cependant Olek n'arrivant pas, Victor se dirigea vers

son bureau pour lui écrire un mot; il aperçut alors sa belle compagne, debout sur le seuil du cabinet, d'où elle assistait depuis quelques instants au monologue de son amant.

— Tu étais là, Euphrasie?

— Ton esprit était bien loin, répondit-elle, d'un ton de doux reproche.

— Je pensais précisément à toi.

— Est-ce au sujet de ces papiers? interrompit-elle, en désignant le manuscrit que Victor venait de poser sur son bureau.

— Pas absolument; je pensais à toi et à notre secrétaire qui n'arrive pas.

— Tu confonds donc dans la même pensée ton amie et ton secrétaire ?

— Vous m'êtes chers tous les deux quoiqu'à des degrés bien différents.

Euphrasie crut le moment favorable pour mettre à exécution un projet conçu depuis quelque temps.

— Je ne sais pourquoi, dit-elle, j'ai peur de cet homme qui occupe une si large place dans ton cœur; il me semble que l'admettre dans notre intimité, c'est renoncer à la douce quiétude de notre existence solitaire.

— S'il a de l'influence sur moi, il ne l'a pas cherchée, répondit Victor avec fermeté.

Cette réponse, toute simple qu'elle fût, étonna Euphrasie, habituée à n'être pas contredite.

— Au lieu de porter le trouble dans notre intérieur,

continua Victor, il sera notre sauve-garde ; si nous avons jamais besoin d'indulgence ; il sera le premier à nous excuser, et se fera notre défenseur envers et contre tous.

Euphrasie comprit qu'insister davantage ce serait compromettre sa cause inutilement. Elle battit prudemment en retraite, se promettant bien de reprendre l'offensive à la première occasion favorable.

— Tu sais, Victor, dit-elle en se jetant nonchalamment sur un canapé, tu sais que tout mon bonheur est d'être à toi ; tu sais que le jour où je pourrai montrer mon amour à tous les yeux, sera le plus beau jour de ma vie.

— Que tu es ravissante de parler ainsi, s'écria Victor, en se mettant à genoux devant elle et l'entourant de ses bras qu'elle repoussa doucement. Ce jour n'est pas loin, ange adoré, disait-il, ivre de bonheur et de joie.

— Le baron ne se jetera-t-il pas encore à la traverse de notre bonheur ?

— Le baron ! toujours cet homme !

— Vois ce qu'il m'écrit, dit Euphrasie d'une voix languissante.

Victor parcourut vivement la lettre.

— Il te menace des tribunaux, s'écria-t-il avec indignation ; qu'il me dispute donc mon bonheur en même temps que la vie ! Mais non, le lâche, sans amour et sans honneur, il ne rêve que la plus basse vengeance ! Eh bien, il faut en finir ! Nous avons quitté Paris, voulant le sauver du ridicule aux yeux du monde qui te croyait dans ta famille; et maintenant il ose, après avoir abusé de ta confiance, te menacer de poursuites judiciaires! Il n'y a plus de ménagements à garder; tu plaideras en séparation, ta cause est bonne. Aide-toi, le ciel t'aidera!

Victor s'abusait étrangement: il y avait quelque chose du héros de Cervantes dans cette tirade belliqueuse. Euphrasie trouvait tout simplement que la comédie commençait bien, et que son Don Quichotte prenait le plus sérieusement du monde les moulins pour des chevaliers armés de piques et bardés de fer. Elle n'eut garde de se formaliser des épithètes énergiques dont Victor gratifiait si libéralement le baron. Elle dit seulement, d'un ton passablement tranquille: — Mes enfants portent le nom de leur père; tu n'y as pas pensé, Victor! Et puis, ajouta-t-elle, plaider, c'est affreux pour une femme! paraître devant la justice, exposer ses plaintes, se voir accuser à son tour!... Oh! s'entendre jeter à la face le nom flétrissant de femme adultère!...

— De grâce, n'achève pas, s'écria Victor, pardonne-moi une folie; mais partons, allons si loin, que de cet homme il ne nous reste pas même le souvenir.

— Serait-ce encore pour le sauver du ridicule, dit Euphrasie ne pouvant retenir un sarcasme; mais elle ne donna pas à Victor le temps de saisir la portée de ses paroles. Espérant faire oublier une question par une autre, elle se hâta de lui demander ce qu'il prétendait faire à l'étranger.

— Je suis assez riche, dit-il, pour vivre honorablement en tout pays avec mon revenu ; mais je ne veux pas passer ma jeunesse dans une oisiveté stérile et honteuse. Si je projette de quitter la France, c'est pour la servir à l'étranger comme attaché à quelque ambassade.

— Le baron est influent ; sitôt qu'il saura quelque chose de tes projets, il ne négligera rien pour les faire avorter. Mais au lieu de t'expatrier toi-même, que ne cherches-tu à renvoyer le baron par-delà les mers....

— Si tu as quelque projet arrêté, fais-le-moi connaître. Tu sais, Euphrasie, que je ne saurais te rien refuser. Si le baron est décidé....., circonstance dont tu ne m'as point parlé.....

— Ne devines-tu pas, Victor, que le baron tient à ses dommages-intérêts?

— De l'argent ? je m'en doutais ! — Et à combien a-t-il évalué ?....

— Il demande.... mais c'est une énormité ! Si cependant tu peux lui avancer cette somme et nous acheter la paix et la sécurité, je vendrai mes parures, toutes mes parures, je travaillerai jour et nuit pour acquitter cette dette....

— Toi !... à moi !.... Je te dois tout le bonheur de ma vie, toutes mes espérances! Gardes tes parures; le baron recevra le prix de sa honte !

— Tu pourrais te repentir un jour de ta générosité ; la somme est considérable, et, si tu avais achevé de lire le billet du baron....

Victor ramassa le billet et lut le post-scriptum suivant:

« Si cependant Victor me comptait immédiatement cent mille francs, je pourrais tout oublier et aller vivre au Mexique. »

— Cent mille francs! — Eh bien, soit! nous paierons cet infâme, s'écria Victor indigné, mais dans quelques mois seulement. — Je lui ferai savoir le jour du paiement; jusque-là, qu'il patiente et tienne compte des intérêts à courir.

— Euphrasie, que ce délai contrariait vivement, n'en fit rien paraître, et prenant un ton solennel:

— C'est bien, Victor, dit-elle, tu es grand, tu es généreux, tu m'aimes!

— Grand et généreux, non sans doute. — Je t'aime, voilà tout, Euphrasie. Et, heureux de son approbation, il baisa respectueusement la main qu'on lui offrait.

A ce moment, Olek parut sur le seuil. Témoin involontaire du dénouement innocent de cette scène, il ne prit aucun de ces airs goguenards et stupides dont les *lions* les mieux appris se défendent difficilement en pareille circonstance. Il salua respectueusement la dame, et courut se jeter dans les bras de son ami.

— Te voilà donc enfin, mon brave secrétaire. — Te voilà, cria Victor, en pressant Olek contre son cœur. Puis il le fit asseoir et commença à l'accabler de questions; mais le pauvre Olek était muet de douleur. L'accueil si cordial et si franc de Victor réveillait en lui le souvenir de sa fille, morte depuis sa dernière entrevue avec son ami. — Victor comprit tout ; ses yeux se remplirent de larmes.

Le silence régnait depuis quelques instants, Euphrasie contemplait cette scène avec un imperceptible sourire d'ironie. Les deux amis, tout entiers à l'attendrissement, ne virent pas ce sourire.

Secouant la tristesse avec un peu d'effort, allons, ma chère Euphrasie, s'écria Victor, faisons donc plus ample connaissance avec notre cher secrétaire. Je te recommande l'ami le plus dévoué et le modèle des maris. Puis se tournant vers Olek :—Tu sauras, lui dit-il, que madame est pour moi plus qu'une femme ; c'est mon ange, mon ange gardien pour l'éternité.

— Pour l'éternité, ce serait un peu long, se dit tout bas Euphrasie. — Quant à ce vertueux époux… elle ne compléta pas sa pensée et elle se hâta de dire à Olek :

— Monsieur, permettez-moi d'espérer que l'ami de Victor sera aussi le mien.

Olek s'inclina avec sa gravité accoutumée.

Euphrasie sortit. Les deux amis restés seuls s'entretinrent de leur passé, de leurs projets, de la pièce d'Olek, enfin. — Victor raconta comment le hasard lui avait envoyé un noble et généreux homme de lettres qui avait bien voulu ajouter son nom célèbre à celui d'Olek, pour entourer du prestige de sa vieille renommée un auteur encore inconnu. La conversation se prolongeait, mais le nom d'Euphrasie n'était pas prononcé. C'est en vain que Victor attendait une question à ce sujet, Olek resta muet. Mais trois jours ne se sont pas écoulés depuis son arrivée que Victor, poussé par cet impérieux besoin de confidence que nous éprouvons dans certaines circonstances de la vie, se sentit saisi d'un violent désir de tout confier à son compagnon, et, ayant amené la conversation sur ce sujet :

— Tu ne m'as pas encore dit un mot, lui dit-il, sur ma liaison avec Euphrasie, est-ce indifférence, est-ce discrétion ?

— Ni l'un ni l'autre ? répondit Olek. Je vois que tu es heureux dans la société de cette dame, que m'importe le reste ?

— Je te reconnais là, mon ami, mais il y a des circonstances dont je voudrais te faire juge. Ton approbation me serait précieuse.

— As-tu donc pris cette affaire bien au sérieux.

— L'amour le plus vrai !

— Tu demandes un avis; en matière d'amour c'est souvent bien difficile.

— Ecoute cependant.

— Parle.

Victor hésita un instant, puis, comme s'il avait hâte d'en finir, il fit son aveu tout d'une haleine, sans circonlocutions ni préambules.

— Cette femme, dit-il, est la femme d'un de mes amis. — Sa voix tremblait.

— Il est probable que vous n'êtes plus amis, dit Olek.

Cette simple observation amena Victor à donner une

toute autre tournure à ses aveux. — Il a commencé en pénitent, maintenant il va chercher à se justifier.

— Il est vrai, dit-il, que cet homme a extorqué pour ainsi dire mon amitié. Il était toujours à ma recherche, me poursuivait sans cesse de ses prévenances, venant souvent chez moi et m'invitant à aller chez lui. Mais c'est un homme dépourvu d'idées et de caractère, mon cœur n'a jamais été à lui. Je n'osais cependant pas repousser ses avances; j'allai d'abord le voir par convenance, ensuite par habitude, et enfin de plus en plus assidu dans la maison, je devins amoureux de sa femme, qui m'avait déjà devancé (pauvre Victor)! et je la lui enlevai ainsi que ses deux enfants..... Euphrasie veut bien partager mon sort, et je fais élever ses enfants.

— Et il t'abandonne ainsi sa famille?

— Il a peur et il se tait.

— Il a peur, le malheureux?

— Il a fait un faux et nous en tenons la preuve.

— Eussé-je tué mon père, et la preuve de mon crime fût-elle entre vos mains!... Oh! me prendre mes enfants!

— Ne t'ai-je pas dit que cet homme n'a ni cœur ni caractère.

— Tu n'estimes pas cet homme et tu fais bien, mais ayons pitié des êtres faibles. Et quel faux a-t-il commis?

— Il a fabriqué son acte de naissance; de bâtard il se fait baron, j'en ai la preuve, et il tremble!

— Victor! Victor! s'écria Olek, toi si bon! oh! le souffle de notre siècle a aussi passé sur toi.

— Tu me désapprouves ?

— De bâtard, il se fait baron ! Tu veux punir le baron, qu'aurais-tu fait au bâtard ? Tu aurais donc respecté sa femme ?

— Je l'aime, Olek, je l'aime, cette femme...

— Aimer, c'est peut-être une excuse !

— Tu dis peut-être ?

— Hélas ! puis-je dire autrement ?

— Oh ! tu n'as jamais aimé, tu ne comprends pas ce que c'est que l'amour !!

Olek aurait pu rappeler à Victor ses diatribes contre les femmes, aurait pu dire comment il comprenait l'amour, comment il avait aimé sa femme et comment il l'aimait encore ; mais ce n'était pas le moment d'entamer une discussion pour arracher de ce pauvre cœur sa dernière illusion. Il se contenta de lui répondre :

— Ne parlons plus de cette femme, cela vaut mieux.

— Tu as raison, à demain donc, mon ami.

— Oh ! oui, ton ami, plus que jamais, Victor.

Plus que jamais voulait dire, car tu es bien malheureux, tu souffres déjà.

Sans aucun doute Victor souffrait : il se sépara de son ami, sans être ni absous ni consolé. Qu'espérait-il en effet ? Sa confession avait-elle été franche et entière ? Non. Tout ce qu'il pouvait dire de désavantageux sur le compte du baron ne justifiait en rien sa propre conduite. Enlever la femme du baron, scruter sa vie, s'emparer d'une preuve contre lui et le tenir sous le coup de la menace, se poser en vengeur de la société en portant soi-même l'atteinte la plus grave à ses lois, tout cela se présenta à l'esprit d'Olek sous son véritable aspect. — Cependant Victor croyait *sauver la femme du mari*, il l'aimait, il se dévouait pour ses enfants; aussi Olek le couvrait-il le plus qu'il pouvait de son indulgence. Aimer, c'est une excuse…. peut-être… avait-il dit.

Victor se garda bien d'avouer que c'était le baron et non lui qui menaçait et dictait les conditions. Dans toutes les positions, l'homme qui les impose est naturellement supérieur à celui qui les subit; aussi Victor ne voulut-il pas, devant Olek, donner cet avantage au baron, il aima mieux paraître de ce côté entièrement rassuré. Le rôle d'Olek était très-restreint. Il ne pouvait pas approuver l'action qu'il condamnait dans sa conscience, que pouvait-il conseiller? Que dire pour consoler? Il hasarda quelques vérités simples; l'amertume de ces vérités, quoique atténuée par l'expression, déplut à Victor.

— Tu ne me comprends pas, n'en parlons plus, disait-il.

Que de fois les confidences d'amour entre amis aboutissent à une conclusion semblable.

Beaucoup d'autres qu'Olek auraient applaudi à ce trait original et piquant d'avoir enlevé au mari femme et enfants; beaucoup d'autres que Victor auraient bafoué un ami qui se serait avisé de blâmer cette *héroïque conquête*. Mais si Olek n'était pas homme à glorifier une aussi triste équipée, Victor n'était pas non plus *séducteur* de profession.

Que d'hommes plus forts que lui ont été les victimes d'un état social où le développement de chaque être ne peut s'accomplir qu'à la condition de luttes continuelles avec les individus et les institutions!

V

Au moment où nos deux amis se séparaient, la tristesse au cœur, une autre scène se passait dans la même maison, au même étage; un petit salon séparait seulement Victor et Olek de deux personnages, dont la conversation les eût intéressés au plus haut degré s'ils avaient pu l'entendre.

Ces deux personnages sont Euphrasie et le baron. Euphrasie dans les bras de son mari! Le baron la presse sur son cœur, lui prodigue les noms les plus tendres, les caresses les plus passionnées. Q'aurait fait Victor s'il les avait vus ainsi, s'il avait entendu ce qu'ils se disaient? S'il avait vu et entendu, il y aurait probablement gagné les cent mille francs promis au baron. Mais comment, après tout ce que nous en savons, expliquer l'apparition du baron chez sa femme dans le logement de Victor? Rien de plus simple cependant. Le baron y venait voir ses enfants, et si on l'avait trouvé mauvais, il aurait menacé de les reprendre et de porter plainte pour rapt et séquestration. Reprendre les enfants que Victor élevait à ses frais, c'eût été lui ôter tout le prestige du dévoûment dont il se plaisait à parer sa conduite. Nouveau genre de philantropie!... Ainsi donc le baron entrait de plain-pied chez sa femme, tout le jour et à toute heure. La conquête de Victor n'était qu'illusoire, l'ancien maître reparaissait toujours, la menace à la bouche, sur le terrain envahi. Euphrasie, qui avertissait son mari toutes les fois que Victor changeait de domicile, pour se soustraire à l'importunité du baron, ne manquait pas de se plaindre des visites fréquentes de son mari, et, depuis quelque temps elle avait soin d'ajouter que Victor n'en serait délivré qu'après le départ du baron, une fois indemnisé, et hors de France et d'Europe. L'entretien suivant nous expliquera le reste.

Euphrasie, toujours dans les bras de son mari:

—Tu m'aimes donc bien? murmura-t-elle tendrement, en lui rendant caresse pour caresse.

— Ne pas t'aimer, toi qui, par amour pour moi, as fait un tel sacrifice!

— Le sacrifice n'est pas grand; seulement le rôle que je joue est horrible et serait infâme sans certaines limites que je défends de franchir. Mais il fallait faire quelque chose pour mon beau baron; tu m'as donné un nom, je veux te donner de la fortune et le moment approche.....

— Il consentirait donc!

— Il a consenti!

— Est-ce immédiatement?

— Malheureusement il ne le pourra que dans quelques mois?

— Voudrait-il gagner du temps, ou bien....

— Non, cet homme ne prévoit rien, ne se défit de rien, il paierait sur l'heure s'il avait des fonds disponibles; mais la somme qu'il te destine n'est remboursable que dans six mois, je suis allé aux preuves, bien entendu.

— Encore quelques mois , répéta le baron soucieux Te savoir avec lui et attendre, c'est un supplice. L'habitude de le voir t'aimer, t'entourer de tant de prévenances et de soins; oh!

— Fernando! aurais-je perdu ta confiance?

— Oh non! Euphrasie; mais malgré toute ma confiance....

— Rassure-toi, mon ami, en récompense de tant de soins et d'amour, je ne lui accorde que ma main à baiser. — Crois-moi, l'homme qui ne saurait m'inspirer le dévoûment, ne m'inspirera pas d'amour.—Victor, un heureux du siècle, et toi depuis l'enfance luttant contre la misère et le préjugé; Victor, implorant l'amour à deux genoux, et toi sachant pour ainsi dire l'imposer d'un regard où se réflète l'énergie de la volonté, la force du courage et la fougue de l'amour ! — Entre Victor, espèce de berger de l'âge d'or, et toi, homme fort et révolté, mon choix n'est pas douteux.

— Cependant ce berger de l'âge d'or se jette éperduement dans l'excentricité du siècle d'argent. Il m'enlève ma femme, il prodigue l'or que son père a amassé non sans peine, en vendant de la garance à Avignon ; il croit même à la puissance de cet or. Avec de l'argent il achetera le mari ; le mari va s'expatrier, il va lui abandonner sa femme et ses enfants, il le croit, le misérable ! Tu vois donc, Euphrasie, que c'est bien là un héros du siècle et non pas un berger arcadien.

— Ce n'est pas sans doute un berger de Florian, ce n'est pas le nid de fauvettes qu'il offre ; il sème l'argent ; on ramassera son argent ; mais il n'aura pas ce que probablement Estelle a accordé pour un nid d'oiseaux. — Créature indolente, quoique vicieuse, est-ce qu'il aurait jamais eu assez d'énergie et de volonté si je ne l'avais pas secondé, si je n'avais pas moi-même insinué, concerté, dirigé et exécuté mon enlévement ! Et à présent, quand nous occupons le même logement, et passons ensemble les journées entières, ne se contente-t-il pas de m'aimer tendrement ? Il vit de l'avenir promis et se soumet avec respect. N'est-ce pas là vraiment un berger, et de la meilleure espèce ?

— Mais ce berger, puisque tu le veux ainsi, n'a-t-il pas la fantaisie de m'accuser, de me menacer ?

— Il a déjà fait des voyages pour te fuir, il projette de quitter la France, pour mettre entre toi et lui les monts et les fleuves; il te craint, ce sont là les menaces de la peur....

— Et s'il quittait la France avant l'époque?....

— Tu oublies que désormais il est convenu que tu vas au Mexique, il restera à Paris.

— Mais cependant, de quoi m'accuse-t-il? tu ne m'en as parlé que vaguement.

— C'est encore un trait de berger de sa part. Il a trouvé dans mes papiers que je lui ai abandonnés, les croyant tout-à-fait inoffensifs, une lettre que tu m'as écrite quand je suis allée passer un été chez ma mère à la campagne; mais je l'ai reprise, cette lettre, et je vais te la remettre à l'instant.

Euphrasie sortit de son secrétaire un papier soigneusement enveloppé, étiqueté de la main de Victor et regardé par lui comme une précieuse découverte; mais malheureusement cette *pièce de conviction* était restée dans les mains du dépositaire infidèle. Quand le baron eut parcouru la lettre qu'Euphrasie lui avait présentée:

— C'est vrai, dit-il, j'ai commis une grave imprudence, heureusement qu'on peut anéantir la preuve; et il approcha le papier de la bougie. — Tandis que la lettre se consumait lentement, le baron disait, se parlant à lui-même:

— Oui, j'ai rencontré dans le monde, comme je le rapporte ici, les deux fils de mon père; la nature me

les a donnés pour frères et la société me les a ravis
dès le berceau. Elevé avec les laquais, j'étais domestique
de mes frères dans la maison paternelle. Ils avaient des
professeurs, et moi j'écoutais de loin ce qu'apprenaient
mes jeunes maîtres, j'étudiais dans leurs livres quand ils
couraient aux plaisirs. Ils héritèrent du nom et de la
fortune de leur père, je restai bâtard et pauvre, répudié
par mon père et par la société. Je vis mes frères riches
et honorés : il me fallait aussi, à moi, un nom, de la
richesse et du bonheur. Je complétai mon éducation
en me traînant de collège en collège comme domestique.
Enfin, assez instruit pour sentir ma position et appré-
cier l'injustice du monde, j'ai arrêté le projet de me
rendre justice moi-même. J'ai découvert un lieu inconnu
aux pieds des Pyrénées; je me le suis donné pour lieu
de naissance; j'ai pris un nom espagnol n'appartenant
probablement à aucune famille, et, pour rendre la chose
plus originale j'ai ajouté à ce nom le titre de baron.
Cette pièce apocryphe, produite pour la première fois
à notre mariage, a été acceptée comme bonne à la mairie
du bourg que j'habitais depuis un an. La municipalité
du lieu s'est inclinée devant mes titres, sans plus amples
informations, et désormais nul n'est venu contester mon
identité. Je suis reçu dans les plus anciennes maisons,
j'y rencontre quelquefois mes frères, qui déjà devenus
hommes, n'auraient jamais été reconnus de moi, si
je n'avais entendu prononcer leur nom : et eux, comment pourraient-ils deviner dans le baron qui se pré-

sente bien, dans l'homme de bonne compagnie, leur ancien domestique, leur ancien frère bâtard qu'ils ont abandonné à la grâce de Dieu, et dont il ne se souviennent même plus ? Ainsi mon triomphe sur le préjugé est complet, ou plutôt je me soumets aux exigences du monde; il a repoussé le bâtard, je lui présente un rejeton d'une noble famille.

Le baron s'arrêta, la lettre avait fini de brûler.

— Que Victor vienne maintenant, dit-il, contester mes aïeux. Il lui siérait bien de me combattre avec de telles armes et dans la position où il s'est placé à mon égard. Reste donc seulement à décider, et c'est à toi, Euphrasie, de prononcer : me crois-tu coupable ?

— Toi coupable ? non, non, Fernando; il n'est pas de dignités ni de titres dont tu ne sois digne à mes yeux. Mais si la naissance est encore, de nos jours, une recommandation et ouvre l'entrée des grandes maisons, un Montmorency sans fortune ne ferait pas aujourd'hui son chemin. Tu as triomphé du préjugé, avec tes titres et ta noble figure, tu aurais pu triompher de la fortune en épousant une riche héritière; tu as renoncé pour moi à ces avantages; c'est donc à moi de conquérir la fortune. J'ai entrepris cette conquête — elle me coûte bien peu d'efforts et ne m'expose à aucun danger — Victor est amoureux fou et faible; les lettres que tu lui as écrites à ma recommandation sont mises en morceaux. Point de menaces écrites, point de signatures arrachées par la violence; un simple bon de Victor, payable au porteur, et tu aurais touché cent mille francs. Ce n'est pas de la fortune sans doute; mais c'est un commencement de fortune. Avec cette somme nous pourrons faire figure pendant quelque temps, attendre avec plus de patience et aider ton noble nom à réaliser les protections qui seront plus empressées quand tu auras l'air de n'en pas avoir besoin. Victor s'exécutera, j'en suis certaine : cependant, il se présente un obstacle; si nous n'y prenons garde, il pourrait faire avorter nos projets.

— Est-ce une chose ou une personne?

— C'est un ami intime de Victor, il arrive de province; s'il pénétrait ses secrets, il détournerait Victor de ses bonnes dispositions.

— Est-ce un homme de quelque importance?

— C'est un étranger; d'abord j'ai conçu une bien triste opinion de lui : en arrivant, il a commencé par pleurer; mais j'ai su plus tard qu'il vient de perdre sa fille unique; je ne saurais condamner les pleurs d'un père qui porte le deuil de son enfant. Ensuite j'ai lu son ouvrage qu'il a confié à Victor; je trouve dans l'auteur une âme ardente et un caractère bien trempé. Sa conversation me plaît, je suis souvent de son avis; mais je l'entends quelquefois énoncer de ces maximes qui m'effraient : il soutient, par exemple, que toute vengeance de l'individu contre la société, malgré sa mauvaise organisation et les injustices qui en résultent, est un crime; que notre devoir n'est pas de nous venger de la société, mais, au contraire, de l'aider, selon nos moyen et la sphère de notre action, à sortir du cercle vicieux où elle tourne et à obtenir par des efforts réunis que la justice soit faite à tous. Je n'ai pas de forces pour coopérer à cette réforme, je n'ai pas le temps d'attendre; je veux des jouissances, du bonheur, j'en veux pour toi, pour mes enfants : que m'importe la société? Puisqu'elle n'a rien à nous donner, qu'elle ne nous demande rien. — Seulement, impuissante moralement, elle n'est pas encore désarmée matériellement, elle a son code, ses juges, ses prisons et son bourreau; on saura ne pas se heurter contre ce pouvoir brutal, tout en conspirant contre la société, ou plutôt tout en se moquant d'elle.

— Ses idées n'ont aucun rapport, ce me semble, avec l'affaire qui nous préoccupe.

— N'est-ce pas sur les idées des gens que nous devons juger si dans un cas donné, nous pouvons les avoir pour amis ou pour ennemis? Cet étranger, d'ailleurs, porte un attachement sincère à Victor, donc il est à craindre?

— Comment se comporte-t-il à ton égard, ce monsieur?

— Il est à mon égard, comme si j'étais en visite chez Victor; il ne lui échappe pas la moindre allusion. Il est possible que Victor ait gardé le silence; mais il est possible aussi que ce monsieur, ayant tout pénétré ou appris médite une trahison; il est possible qu'il sache bien jouer son rôle, aussi je suis décidée à le sacrifier.

— Les amis de nos ennemis sont aussi nos ennemis, je t'abandonne donc ton étranger; mais il me semble que c'est un de ces hommes qui ne se mêlent pas des affaires des autres, sans y être appelés expressément.

— Et si Victor l'y appelle ?

— Il n'oserait pas, il craindrait l'homme à système.

— Des hypothèses ne sont pas des certitudes. Le plus sage dans ce cas, c'est de prévenir les obstacles : j'ai résolu de séparer les deux amis.

— Serait-ce facile ?

— C'est selon, mon ami, — un moment d'inspiration et peut-être un seul mot suffira. Mon cher baron, aie foi dans ma bonne étoile, bonsoir. Embrasse tes enfants, qui dorment insouciants et heureux, tandis que nous...

— Vivre séparés et toujours lutter !

— Du courage, baron ! les jours meilleurs ne sont pas loin, la lutte va cesser, nous vivrons ensemble et heureux.

En parlant ainsi, d'abord ils s'étaient pris les mains, ensuite la femme se trouva entre les bras du mari. La scène finissait comme elle avait commencé, cependant il fallait se séparer.

Le baron alla embrasser ses deux beaux garçons, Euphrasie s'approcha de son secrétaire, en tira trois billets de banque et une bourse rempli de pièces d'or.

— Voici, mon ami, dit-elle, les intérêts de la somme promise par Victor et les économies de ta femme. Prends pour tes menus plaisir, c'est l'avant-goût de l'opulence.

— Tu sais, Euphrasie, que combler ma femme de richesses serait le plus grand bonheur pour moi ; ainsi je puis accepter sans rougir.

— Tu t'es rendu justice en te restituant un nom, je me

rends justice en rançonnant le riche qui a abusé de notre pauvreté et violé en moi la foi conjugale . . . .

. . . .

. . . .

Dans ce chapitre et dans le précédent, nous avons voulu démontrer :

1° Que dans les époques de transition, au milieu de la confusion des idées, des sentiments et des principes, un honnête homme peut se fourvoyer parfois, et l'homme perverti garde au milieu de ses iniquités quelques penchants généreux, reflet divin de sa nature primitive. L'homme perverti et l'homme qui s'est fourvoyé, transportés dans un autre milieu social, milieu que nous espérons, retrouverait, l'un, son véritable chemin ; l'autre, ses véritables sentiments;

2° Que le droit au travail n'étant pas encore reconnu (ce qui touche notre récit de plus près), Olek, à peine installé chez Victor en qualité de secrétaire, est déjà à la veille de perdre sa place, parce que sa présence gêne une femme occupée *à se donner une fortune.*

VI.

Victor et Olek, oubliant les aveux faits et reçus la veille se revirent le lendemain sans embarras ni contrainte. Victor, a sept heures du matin, attendait déjà son ami; quand Olek entra, ils se serrèrent la main sans mot dire. Cette muette marque d'affection parlait pour eux : ils étaient réconciliés et plus amis que jamais.

On se mit à l'ouvrage. Le secrétaire ne fut pas surchargé de besogne, Victor ayant remis ses écritures à plus tard. La pièce de théâtre, c'était là leur grande affaire. Victor prenait part à toutes les démarches qui précédaient la représentation de cette pièce comme s'il en eût été l'auteur : il est vrai de dire qu'il en était le parrain et le parrain généreux.

Olek accepta sans hésiter le patronage du célèbre faiseur dont il croyait le service tout-à-fait désintéressé ; il
lui manifesta toute sa gratitude quand son drame, à peine
présenté au comité d'un théâtre du premier ordre, fut
lu sans délai, reçu à l'unanimité et inscrit au tour de
faveur, grâce à la réputation du patron.

Olek s'empressa d'écrire à sa femme pour la prier de
venir passer quelque temps à Paris, afin de pouvoir as-
sister à la représentation de son œuvre et de partager
avec lui une existence honorable et indépendante, si le
succès venait, comme il espérait, couronner ses travaux.

La réception favorable de la pièce était un évènement
sérieux dans la vie du proscrit. Son œuvre était le développement de sentiments nobles, d'idées d'une haute
portée sociale. De tels travaux peuvent vivre longtemps
avant de commencer à vieillir. — Des idées d'avenir allaient
être proclamées sur la scène française : plus la parole
tombe de haut, plus elle est féconde. Olek n'ignorait pas
qu'il s'acquittait dans ce moment de l'une des obligations
envers la patrie ; il reçut donc la nouvelle de l'admission
de sa pièce au théâtre, non pas avec la joie d'un triomphe
personnel, mais, si l'on peut s'exprimer ainsi, avec un
recueillement solennel et profond.

La femme d'Olek venait d'arriver. Son mari l'avait
reçue dans un logement modeste, mais convenable, qu'il
occupait dans un hôtel d'un des beaux quartiers de Paris,
hôtel tenu par dame Aurore Magloire, femme alerte,
passionnée et originale.

Nous en dirons quelques mots.

C'était avec une grande surprise que madame Olck voyait Aurore Magloire tantôt rire à gorge déployée, tantôt pleurer à chaudes larmes, puis s'emporter, jurer comme un garde-française, et revenir sans transition à une gaîté folle qui ne paraissait pas toujours bien justifiée. Dame Magloire ne pouvait pas s'habituer à voir et à loger chez elle une femme dont le langage élégant et poli, l'humeur toujours égale, les manières distinguées contrastaient si vivement avec son langage, son humeur et ses manières à elle. Afin de ne pas rester au-dessous ne l'aménité ordinaire de notre voyageuse, Magloire faisait des efforts inouïs pour surmonter son antipathie. Ce n'est pas, du reste, qu'elle craignît de manquer d'égards envers madame Olck, mais elle n'aurait pas voulu pour tout au monde déplaire au mari.

Olck connaissait parfaitement le caractère de dame Aurore; mais que pouvait-il craindre de ce côté pour sa femme? Le logement était convenable, il y était habitué; toutes les fois qu'il venait à Paris, et surtout dans les premiers temps de l'émigration, il y descendait comme chez lui, souvent sans passe-port. La bonne Aurore ne le déclarant pas à la police, lui épargnait cette formalité, quelquefois embarrassante pour les étrangers auxquels le séjour de la capitale n'est permis qu'à certaines conditions.

Elle s'exposait, à la vérité, à payer une amende assez

forte, si l'on venait à découvrir chez elle un locataire non en règle avec la police, et surtout un réfugié. Mais elle bravait le réglement et l'amende. Pourquoi ? nous le saurons tout-à-l'heure. Dame Aurore, selon sa coutume, d'une façon brusque et imprévue, nous fera connaître ses intentions.

Olek mit tout à contribution pour être agréable à sa femme ; il l'aurait traitée en reine s'il eût été en position de le faire. Mais du moins régnait-elle en souveraine dans son petit intérieur ; c'est que, douée d'éminentes qualités, elle savait faire adorer son gouvernement. Jeune, grâcieuse et belle, elle aimait ce qu'aiment les femmes : un ruban, un bouquet de fleurs, une parure, et tant d'autres riens charmants. Mais aussi elle savait s'identifier avec la pensée dominante de son mari, elle aimait la malheureuse patrie d'Olek, s'enthousiasmait au récit de ses infortunes, de sa gloire et de l'indomptable persévérance de ses enfants. En retour, Olek aimait rubans, bouquets et s'enthousiasmait sur le bon goût de sa femme dans le choix de ses parures.

Deux choses occupaient avant tout l'esprit de madame Olek et de son mari. C'était d'abord et comme toujours le souvenir ineffaçable de leur fille chérie, ombre adorée qui semblait suivre pas à pas ses parents éplorés, et être le commencement et la fin de toutes leurs actions, de chacune de leurs paroles, de toutes leurs pensées. Puis l'avenir d'un autre enfant (le drame), qui allait bientôt voir le jour. Sophie, plus versée dans la littérature que

la cuisinière de Molière, mais non moins douée de bon
sens, donnait quelquefois de bons avis, sur la pièce, sa
fille adoptive, comme elle l'appelait. Olek communiquait
alors ces avis à son faiseur qui les acceptait souvent comme
une véritable bonne fortune et en faisait profit aux répé-
titions. Depuis quelque temps Victor ne venait plus faire
visite à madame Olek, peut-être parce que Olek, respec-
tant les susceptibilités de Sophie, n'avait pas voulu la
présenter à Euphrasie.

Euphrasie approchait du dénouement de son drame
étrange. Victor ne changeait point d'avis ; il continuait à
baiser les mains de sa belle compagne, et trouvait les
jours trop longs, l'époque du paiement n'arrivait pas assez
vite, au gré de son impatience. Euphrasie cependant
n'était point rassurée ; elle craignait qu'au moment décisif Olek n'apparût soudain et ne lui arrachât des mains
le portefeuille promis à son *dévoûment*, récompense de
son pénible *labeur*.

Olek, sans le savoir, devint redoutable. Pour agir contre
ce fantôme de ses veilles et de ses rêves, Euphrasie, toujours sur ses gardes, épiait quelque occasion favorable ;
enfin elle se présenta.

Un jour, Victor, dans un de ces moments d'abandon et
d'épanchement que l'amour inspire, en vous arrachant
même les secrets qui ne sont pas les vôtres, les secrets
qu'on avait mis sous la sauvegarde de votre délicatesse et
de votre honneur, Victor qui, du reste, n'était lié par aucune de ces considérations, assis aux pieds de sa di-

vinité , lui dit à la suite de bien d'autres confidences :

— Sais-tu , Euphrasie, qu'Olek nous désapprouve ?

— Cela ne m'étonne pas, répondit-elle.

— Sa qualité d'homme marié peut-être.....

— Pas du tout.

— Que serait-ce donc alors ?

— Il m'aime.

Il est certain qu'un Apollon serait jaloux d'un Satyre, s'il venait à l'idée du Satyre de se faire le rival de l'Apollon. N'a-t-on pas vu des *satyres* obtenir la victoire ? Hâtons-nous de dire que notre intention n'est pas d'établir une comparaison entre ces messieurs et les personnages mythologiques que nous venons d'évoquer. Olek d'ailleurs eut été un rival dangereux, s'il eut été riche, libre et coureur d'aventures.

Sous l'influence des fatales paroles qu'Euphrasie venait de laisser tomber de ses lèvres avec une parfaite indifférence, Victor perdit l'usage de toute réflexion. Il se souvint cependant que ce rival n'était autre que son ami Olek, et se débattant entre le doute et la crainte d'acquérir la certitude :

— Le crois-tu capable d'une pareille trahison ? demanda-t-il à Euphrasie en pâlissant.

— En fait d'amour... répondit celle-ci simplement.

— Mais l'amitié !

— N'étais-tu pas l'ami du baron ?

Ces paroles d'Euphrasie prononcées de la voix la plus douce, étaient accompagnées d'un regard où se reflétait tant d'amour et de volupté adroitement simulés, que le reproche qu'elles formulaient semblait perdre toute son amertume. Cependant ces paroles tombèreent comme un coup de massue sur la tête du malheureux Victor.

Anéanti, il se releva de toute sa hauteur du tabouret sur lequel il était assis aux pieds d'Euphrasie ; il fit quelques pas dans la chambre, et se laissa tomber, comme privé de sentiment, sur un fauteuil. Après quelques instants de silence, il demanda d'une voix haletante et rauque :

— Des preuves, Euphrasie ! des preuves !

— Des preuves ? c'est bien facile, dit-elle sans s'émouvoir. Voyons, une comparaison : Quand tu me contemples, ton regard est mélancolique et tendre ; en me parlant, par moment ta voix se coupe, tes paroles inachevées expirent sur tes lèvres ; quand je parais, tu frisonnes, tu trembles au contact de ma robe. Eh bien ! il me regarde absolument comme toi, comme toi il frisonne et tremble à mon passage. Les mêmes symptômes se manifestent chez toi et chez lui. Tu m'aimes, et lui ?.. serait-ce de la haine ? mais une femme ne s'y trompe jamais...

— C'est vrai, je comprends tout maintenant ! Mais tu ne l'aimes pas, toi ? demanda Victor d'une voix presque soupçonneuse.

— Quant on aime Victor, en aime-t-on un autre ? répondit l'impitoyable Euphrasie du ton le plus naturel ; mais le danger n'existe pas moins. Oui, il y a du danger pour lui, pour toi et pour moi.

— Même pour toi, Euphrasie ?

Assurément : le doute d'une part, et la certitude de l'autre, nous feraient souffrir tous trois.

— Oh ! je ne douterais jamais de toi.

— Tu m'aimes, n'est-ce pas ?

— Peux-tu me le demander !

— Eh bien, la jalousie est sœur de l'amour.

Victor commençait à avoir la preuve de cette parenté.

— Que faire alors ? que faire ? s'écria-t-il éploré.

— Éloigner Olek.

A l'idée de prononcer un tel arrêt, Victor se sentit défaillir. Enfin, après quelques instants d'une lutte intérieure, il revint à des sentiments plus bienveillants envers Olek. Mon estimable secrétaire, se mit-il à dire, mon confident, mon unique ami, le condamner sans l'entendre ! le chasser !

— Choisis entre nous deux, s'écria Euphrasie, et elle sortit d'un pas majestueux, laissant Victor sous l'impression de sa dernière parole et de son dernier regard.

Cependant elle se garda bien et pour cause de rompre ouvertement avec sa victime. Satisfaite d'avoir assez compromis Olek dans l'esprit de son ami pour que toute hostilité du proscrit contre elle parût désormais suspecte à Victor, elle n'abandonna pas pour cela le projet bien arrêté d'éloigner Olek, et peu lui importait le moyen.

Les jours cependant et les semaines s'écoulaient sans qu'une parole ou quelques démarches de la part d'Olek eussent pu alarmer la baronne. Pourquoi cet acharnement ? C'est qu'elle redoutait toujours le moment décisif;

c'est qu'elle prenait la réserve du proscrit dans toute cette affaire pour une ruse de diplomate ; c'est qu'enfin Olek était pour elle comme un vague pressentiment de dangers inconnus.

VII.

L'homme propose et Dieu dispose! Cette fois ce fut
la censure qui disposa, en opposant son veto à la représentation du drame de notre ami Olek.

Victor reçut cette nouvelle avec indignation, cria à
l'arbitraire, presque à la trahison, et se préparait à faire
la guerre au gouvernement au moyen d'un journal qu'il
voulait fonder à ses frais; mais les difficultés le firent
reculer, et le monde sera obligé de se passer d'un journal
de plus. D'ailleurs son ressentiment dura peu, l'amour
stimulé par la jalousie, lui fit abandonner ses velléités
politiques.

Quant à Olek, la censure avait raison, disait-il. Un ambassadeur étranger demande, au nom de son maître, l'interdiction de la pièce, le plus sage c'est de souscrire à sa demande. Faire remuer une diplomatie tout entière en pleine paix, s'exposer aux notes, aux courriers extra-ordinaires, aux menaces pour quelques bonnes idées, — serait-ce raisonnable? non sans doute ; cela serait commettre un non sens gouvernemental. L'auteur doit s'estimer heureux de ce que ses idées, quoiqu'inédites, fassent déjà peur à un potentat étranger.

C'est bien raisonner cela. Il est fâcheux, sans doute, que certaines vérités, bonnes et salutaires pour les uns, soient impertinentes et dangereuses pour les autres ; mais le *concert européen* dépend encore de cette courtoise dissimulation, et comme *c'est un peu la faute de tout le monde, ce n'est la faute de personne.* S'il est nécessaire que cela soit autrement un jour, cela SERA.

Il est fâcheux aussi que cette interdiction, en portant une atteinte grave à une *propriété* intellectuelle, ait fait échouer les espérances légitimes d'où dépendait l'existence d'une famille. Mais Olek, habitué de longue main aux sacrifices et aux pertes, savait se résigner. D'ailleurs, la mesure n'avait rien d'exceptionnel, elle ne l'atteignait point en vertu de la loi du 19 avril 1832 sur les étrangers, bien adoucie depuis, par les lois des années suivantes. La mesure était générale : nous savons qu'Olek avait pour collaborateur un auteur français en renom.

Sophie, voyant qu'il ne fallait pas compter, pour le

moment, sur une fortune littéraire, pensa qu'il était de son devoir de retourner aux soins de son commerce ; elle quitta tristement Paris, emportant du moins avec elle l'espoir d'être mère dans quelques mois. Une nouvelle séparation commença.

Deux femmes étaient charmées du départ de madame Olek : dame Aurore Magloire, qu'irritait chaque jour davantage la présence de Sophie, se sentit débarrassée d'un poids énorme en se voyant maîtresse du terrain.

Quant à Euphrasie, étant à la recherche d'un moyen, le départ de madame Olek lui semblait en offrir un pour faire partir aussi son mari.

Euphrasie et Magloire firent connaissance. Euphrasie était venue la trouver afin de lui demander l'adresse de Sophie. Demander et donner une adresse sont des choses bien simples, surtout quand la personne qui demande est inconnue. Magloire donna donc l'adresse.

Victor recevait comme toujours son secrétaire, comme toujours, il l'invitait à ses dîners et à ses soirées de garçon, auxquels Euphrasie, cachée à tous les yeux, ne prenait jamais part. Elle était même devenue invisible au cabinet de travail où elle avait l'habitude de venir causer art et littérature avec Victor et son ami. Olek ne s'apercevait pas de son absence et Victor n'osait lui en parler, indécis qu'il était entre *l'ultimatum* d'Euphrasie, et l'amitié la plus vraie pour son secrétaire. La jalousie qui dévore les meilleurs cœurs et imprime une fausse direction aux esprits les plus droits, lui causait des tourments affreux. Il endurait un supplice terrible, et cependant il se taisait. Olek ne devinait rien.

Celui-ci reçut une lettre de sa femme. Elle lui annonçait que depuis son retour, un froid sensible régnait entre elle et son beau-frère. Elle ajoutait que ce cher parent lui paraissait avoir des vues un peu trop intéressées. Cela ne pouvait étonner Olek que médiocrement ; mais une autre lettre qui y était annexée, et dont il reconnut l'écriture, vint l'émouvoir d'une façon étrange. Ce fut avec une surprise mêlée d'indignation qu'il lut le post-scriptum suivant :

« Je n'ajoute pas foi aux lettres anonymes, je ne pourrais même pas croire à des accusations signées si elles étaient dirigées contre toi. Cependant cet écrit, fruit de la calomnie, je n'en doute pas, m'a empêché de dormir et m'a fait répandre d'abondantes larmes. Je te l'envoie afin que ce témoin perfide et mensonger ne vienne plus, par sa présence, me causer des tourments cruels, quoique sans fondement. Je ne te demande pas de justification ; mais rassure un pauvre cœur qui souffre ! »

Olek, stupéfait et outré, pour la première fois de sa vie peut-être, ne put pas excuser ni couvrir de son indulgence ordinaire cette action infâme, à laquelle il ne pouvait même pas assigner une cause.

— Que me veut-elle, cette femme ? de quoi m'accuse-t-elle ? s'écria-t-il tremblant de colère à la lecture de la lettre anonyme. J'ai trahi, à l'entendre, ma femme et mon ami, et c'est par amour pour elle ! Elle repousse mes hommages, dit-elle, et croit devoir avertir ma femme pour qu'elle avise aux moyens de reconquérir ses droits sur mon cœur. Il lut ces quelques mots au bas de la lettre :

« Je vous suis inconnue ; ma signature ne vous servirait donc à rien : qu'il vous suffise de savoir que rien n'est plus vrai que cet avis quoiqu'il soit anonyme. »

— Mais on connaît ton écriture, le cabinet de Victor en est rempli : s'écria-t-il avec emportement. Signée ou non, cette lettre me dit suffisamment quel est son auteur ! Il se rendit aussitôt chez Victor. Il était méconnaissable, ses traits étaient bouleversés, sa voix haletante, il n'avait pas encore renfermé la porte qu'il cria à son ami :

— Victor ! je viens te demander mon congé.

— Tu plaisantes, répondit celui-ci tout surpris ; qu'est-il arrivé ? cet air....

— Ce qui est arrivé ! dit Olek d'une voix étouffée ; ce qui est arrivé ! Tiens ! reconnais-tu cette écriture ? et il lui tendit d'une main tremblante la fatale lettre.

Victor l'ayant parcourue, demeura comme anéanti, il ne pouvait en croire ses yeux.

— Oh ! c'est impossible ! s'écria-t-il en se cachant le visage de ses deux mains ; je ne puis croire.... mais c'est bien cela cependant ; c'est bien elle. Olek, oh ! pardonne-moi !

— Je n'ai rien à te pardonner, Victor ; sois heureux ! adieu !

— Si tu voulais cependant accepter une explication....

— Toute idée de récrimination est bien loin de moi. C'est un fait tristement accompli, je dois en subir les conséquences, et je les subirai à l'instant même.

— Tu ne supposes rien qui puisse expliquer cette étrange démarche d'Euphrasie ?

— Rien, sinon qu'elle est folle ! ou bien... mais non, j'aime mieux croire qu'elle est folle.

— Elle croit que tu l'aimes.

— Moi !

— Quelques indices que les femmes savent si bien comprendre, auraient, suivant ce qu'elle m'a dit, laissé percer ton amour pour elle.

— Vraiment, je crains pour ta raison, Victor.

— Oh ! je ne t'accuse pas, mon ami, mais l'amour ne se commande pas.

— Et la jalousie est une passion dévorante.

— Cela peut être; et Euphrasie craignant d'éveiller cette passion dans mon cœur, et ne pouvant obtenir que je te priasse de me quitter, aura employé ce moyen pour t'éloigner.

— Quelle que soit la cause... elle a réussi.

— Mais puisque tu affirmes que les suppositions d'Euphrasie sont dénuées de tout fondement, pourquoi me quitter ? Reste, au contraire, tu m'aideras à me guérir de cette jalousie, qui, je l'avoue franchement, a envahi tout mon être.

— Mon absence est le meilleur remède.

— Si c'était une autre femme, j'aurais pu choisir. Mais Euphrasie, vois-tu, je suis son esclave, je lui ai voué toute mon existence. Je lui pardonne cette action sans nom qu'elle a commise à ton égard, comme je lui pardonnerais le plus grand des crimes. Et si jamais ma voix s'élevait pour lui adresser le plus léger blâme, j'irais aussitôt lui en demander pardon à deux genoux et lui donner jusqu'à la dernière goutte de mon sang pour l'obtenir. Pour elle, je porterais ma tête sur un échafaud ; pour un de ses sourires, je donnerais le monde.

Olek ne comprenait rien à cette dégradation en amour. Il ne comprenait rien à cette fatale influence d'une femme qui amènerait un homme doué de qualités précieuses à un oubli de soi-même, de sa dignité, de ses devoirs.

— Que ne me reste-t-il assez de raison pour avoir la liberté de choisir entre vous, disait Victor.

— Ton choix est fait. Une femme et deux enfants ! s'écria Olek qui pendant quelques instants se débattait intérieurement entre l'indignation et la pitié.

— Tâche, ajouta-t-il, de ramener cette femme à de meilleurs sentiments. Pour moi, je n'ai besoin que de ton amitié, et quoi qu'il puisse advenir, tu pourras toujours compter sur la mienne. Adieu.

Cela dit, Olek se hâta de s'arracher de cette atmosphère qui brûlait sa poitrine. Arrivé chez lui, il s'écria avec un sombre découragement : J'ai fait mon devoir, mais me voilà encore sur le pavé.

Il se mit à réfléchir, mais à peine quelques minutes

s'étaient-elles écoulées que la porte de sa chambre s'ouvrit : c'était dame Magloire qui entrait. Elle s'avança vivement, et sans plus de préambule se jeta au cou d'Olek :

— Pauvre ami, s'écria-t-elle tout éplorée, vous n'avez plus de place, vous êtes sans ressources !

— Qu'est-ce qui vous fait présumer cela ? demanda Olek en se dégageant doucement de ses bras, peu surpris du reste de cette manifestation bruyante, assez dans les habitudes de la dame Aurore.

— Je sais tout. Une dame sort d'ici à l'instant ; elle est accourue pour me prévenir que vous venez de perdre votre emploi, et que je devais refuser de vous loger, si je ne voulais pas m'exposer à n'être pas payée.

— Et vous connaissez cette dame ?

— Je l'ai vue deux fois seulement. Il y a une quinzaine de jours, elle est venue me demander l'adresse de votre femme ; et aujourd'hui elle vient charitablement me prévenir...

— Oh ! c'est bien ! je la connais maintenant, cette femme ! interrompit Olek avec un rire amer.

— Elle ne paraît pas vous aimer beaucoup : je suppose même qu'elle désire ardemment vous savoir loin de Paris.

— Tout porte à croire qu'elle sera bientôt satisfaite.

— Oh ! que non ! s'il est vrai que vous êtes sans ressources, je puis quelque chose...

— Seriez-vous donc à même de me procurer une place ?...

— Une place! eh bien! oui, une place.... dans mon cœur!

A cet aveu inattendu, Olek jeta un regard étonné sur Magloire, dont l'attitude suppliante semblait implorer une réponse favorable et lui dit sévèremeut :

— Vous n'y pensez pas, Madame.

— Au contraire, j'y pense, j'y pense depuis quelques années, depuis que je vous connais.

— Vous me connaissez depuis si longtemps, et vous me connaissez si peu !

— Vous voyez que j'ai su me taire et souffrir en silence, ainsi je vous connaissais. Si je parle aujourd'hui, c'est que je vous crois bien seul, bien à plaindre. Pour vous faire agréer mes offres, il était bon de vous dire quel sentiment les a inspirées Ainsi, ne le repoussez pas. Vous passerez tout le temps de votre exil à l'abri de l'incertitude du sort, je mets mon cœur et mon avoir à vos pieds.

Jamais Magloire n'avait parlé avec plus de calme, elle imposa silence à la fougue de son caractère et s'efforçait de donner une tournure tout-à-fait digne à une idée qui ne l'était pas du tout.

— Chose étrange! s'écria Olek après avoir écouté dame Aurore jusqu'au bout, ne sachant s'il devait se fâcher ou rire. — Chose étrange! serait-il donc plus facile de trouver à abriter commodément son existence sous des auspices honteux que d'obtenir du travail et avoir du pain honorablement gagné! Écoutez , Madame, ajouta-t-il avec gravité, je ne pense pas que vous ayez l'intention de m'outrager, rien ne vous donne ce droit; j'aime mieux croire que vous vous trompez, que votre sentiment généreux obéit dans ce moment à une mauvaise impulsion. Mais si vous tenez à mon ancienne estime, reconnaissez votre erreur Ne vous engagez pas, croyez-moi, dans des voies inconnues. Il y a tout à craindre et rien à espérer d'un amour que ne consacre rien.

Olek sortit. — Il allait toujours, mais sans savoir précisément de quel côté diriger ses pas. Enfin, soit pressentiment, soit habitude, il se trouva bientôt dans la rue où logeait Victor. Là, il s'arrêta un instant et aperçut Victor venant à sa rencontre.

— J'allais précisément chez toi, lui dit ce dernier en lui serrant la main.

— Tu ne m'y aurais pas trouvé; je cherche un logement, dit Olek.

— En veux-tu un dans la diligence?

— Olek ne répondit rien.

— Un négociant de mes amis, continua Victor, se trouve avoir besoin d'un commis voyageur; je lui ai parlé de toi; sur ma recommandation il n'a pas hésité à t'admettre dans sa maison. Ainsi, si tu veux accepter, dans une heure, tu pourras être au courant, et dès ce soir en route.

En effet, le soir même, les deux amis se séparèrent pour longtemps, pour toujours peut-être... Victor regagna son logement le cœur déchiré, et Olek partit.

Rien ne pouvait mieux rassurer la femme de notre proscrit, relativement à l'accusation dont il était l'objet, que la nouvelle de son départ de Paris.

VIII.

Certes, les commis voyageurs avec leur vie nomade,
leur camaraderie, leur rivalité, leurs ruses, leur insouciance apparente, méritent l'attention; mais nous laissons
ce sujet dont nous n'avons dit quelques mots qu'à propos de la nouvelle position d'Olek.

Il ne serait peut-être pas déplacé de présenter à cette
occasion quelques considérations sur le commerce. Nous
y renonçons cependant. Il y aurait trop à dire, si nous
voulions signaler ses vices, ses progrès et sa tendance
générale vers l'association, acheminement vers cette *association universelle*, autour de laquelle gravite incessam-
ment, quoique imperceptiblement, notre société. Ces

questions ne pourraient trouver assez de place dans notre cadre restreint ; nous nous bornons à indiquer ce que plus tard nous entreprendrons peut-être de développer ; nous dirons seulement le résultat de ce voyage commercial que poursuivait notre ami.

Après trois mois de courses à travers la France, pendant lesquels l'ancien commis de M. Bourguignon retrouva tous ses moyens, traita avec le même succès force affaires pour son nouveau *patron*, et fit de sérieuses études des hommes et des mœurs pour son propre compte; après trois mois de courses productives, disons-nous, Olek apprit tout-à-coup que sa maison de Paris venait d'être déclarée en faillite. Ce malheur était arrivé à la suite de catastrophes dont d'autres avaient été victimes.

Olek vivait depuis quelques jours dans l'hôtel d'une petite ville de Bretagne, attendant de l'argent et de nouvelles instructions, quand une lettre qui lui faisait part du malheur arrivé à sa maison vint lui apporter son congé, avec la latitude de venir à Paris, de rester où il était ou de continuer sa route; mais sans se préoccuper autrement de lui, c'est-à-dire sans lui passer le plus petit bon de la Caisse-Laffitte. Amère dérision, s'écria Olek, empruntant cette exclamation à un célèbre romancier; et il se mit aussitôt en quête d'une place quelconque. Il fallait travailler pour vivre. Mais une petite ville n'offrant que peu de ressources à l'activité de ses propres habitants, ne peut guère occuper un étranger. Olek songea à sa femme, son alliée naturelle et sa première amie; il lui fit part de ses embarras, en termes mesurés et sans trop se plaindre. Il vécut misérablement jusqu'au jour où la réponse arriva.

Mais elle n'était pas de Sophie. Son beau-frère, à la grande surprise d'Olek, s'était chargé d'écrire. Il annonçait que Sophie venait d'accoucher d'un garçon et qu'elle était encore trop faible pour prendre la plume et pour lire des nouvelles qui n'auraient pu produire sur son esprit qu'une impression dangereuse à sa santé. Le beau-frère disait aussi qu'il venait de perdre sa femme. Il n'oubliait pas de faire observer, dans sa douleur, qu'avec l'enfant qu'elle lui avait laissé, toute la fortune de la défunte passait dans ses mains. Il s'étonnait, en finissant, de voir Olek abandonner sa femme, disant qu'elle n'avait vécu jusqu'alors que de la charité de sa sœur, ressource qui lui manquerait désormais.

Olek, à la lecture de cette lettre, fut frappé de stupeur; il ne comprenait qu'une chose, c'est que sa femme manquait de pain et que lui n'en avait pas à lui donner.

Il semblait oublier qu'il avait laissé Sophie dans l'aisance : associée avec sa sœur à la tête d'un commerce de soirie assez en vogue, et ne savait comment se rendre compte de cette ruine subite. Il ne voyait que le résultat funeste et n'avait pas de force pour raisonner sur les causes.

Dans les positions extrêmes, une détermination soudaine amène une crise salutaire ou fait commettre des sottises.

Olek, se croyant sans doute bien inspiré, prit la plume et se mit à écrire. Ce qu'il écrivit, nous pourrions le traduire ainsi :

« Monsieur ..., banquier à Paris,

» J'ai quelque aptitude et tant soit peu d'instruction, » me trouvant actuellement sans emploi, je viens solli- » citer auprès de vous une place de dernier commis ou » même de dernier valet, pour aussi longtemps qu'il » vous plaira, moyennant une somme de mille francs, » que vous aurez la bonté d'envoyer à ma femme, à C... » rue ..., n° ..., aussitôt mon installation dans votre » maison. »

Voici la réponse du banquier :

« Vous me tendez un piége trop grossier pour que je » puisse m'y laisser prendre. »

Entre le départ de la lettre et l'arrivée de la réponse, Olek eut le temps de réfléchir, et il comprit qu'il avait été mal inspiré.

Si Olek avait eu à proposer au banquier quelque heu- reuse combinaison qui, amenant la ruine de cent familles, eût amené dans les coffres du banquier la dépouille de ces cent familles, oh! alors Olek aurait été le bien venu et salué du nom de spéculateur distingué. Mais il demande tout bonnement mille francs pour venir au secours de sa famille et donne en échange de cette somme autant d'an- nées de travail qu'on voudra, il ne peut donc passer aux yeux du banquier que pour un fou ou pour un escroc.

Il était fou!... c'est possible. On ne prend pas des com-

mis ni des valets sans certificats, on ne fait pas une avance
de mille francs sur les appointements d'un commis ou sur
les gages d'un valet. Le travail est un capital qui ne s'es-
compte pas. Le banquier ne le connaissait pas d'ailleurs,
et Olek se méprit étrangement en jugeant de ses sentiments par les siens propres, ou par la renommée qui
suivait le char du juif et exaltait sa munificence en attendant ses largesses.

Cependant, qu'est-ce que mille francs pour un homme
à centaines de millions ? C'est beaucoup, pour cette seule
raison bien simple que beaucoup de gens aspirent toute
leur vie au premier sac de mille francs, sur ce premier
sac est fondé l'espoir d'un plus brillant avenir. Mais, hélas! la mort arrive souvent avant que vous ayez acquis
de quoi faire les frais des funérailles.

Le banquier avait donc raison de refuser, et Dieu n'a
pas voulu que le dévoûment se prostituât sous la livrée.

Comme nous, Olek donna raison au banquier. Je pourrais fort bien, pensa-t-il après avoir lu sa réponse, être
le chef d'une bande de filous et vouloir me servir de ce
moyen pour m'introduire chez lui d'une manière plus
commode et moins dangereuse que l'escalade et l'effraction.

En effet, quelques jours après on put lire dans les
journaux de Paris : « Des filous adroits ont réussi à ex-
» torquer à Monsieur un tel, banquier, la somme de
» 200,000 francs. » Il est à parier que le financier, effrayé
de la proposition d'Olek, se sera donné la satisfaction
de faire circuler ce faux bruit qui, du reste, fut démenti
le lendemain.

Le jour où le banquier repoussait l'étrange proposition d'Olek, le baron Fernando touchait à sa caisse la somme de 100,000 francs, sur un simple bon de Victor. Huit jours plus tard, comme il n'était point allé vivre au Mexique et s'était contenté de louer une jolie maison à Paris, il donna un bal splendide; Euphrasie faisait les honneurs de chez elle. Avaient-ils invité Victor?..

Mais revenons à Olek.

Il arriva à cet état de prostration morale où l'homme, convaincu de son impuissance, cesse de croire en lui-même et s'en remet au sort. Il errait dans la ville, n'observant rien et ne pensant à rien, quand enfin, fatigué de sa promenade sans but, et se rendant chez lui pour chercher peut-être dans le sommeil l'inspiration ou l'oubli, un presbytère s'offrit à ses yeux.

— Si j'allais me confier au curé, se dit-il alors comme réveillé par l'espérance, n'est-il pas ministre de Dieu, représentant du Christ sur la terre? Il me consolera, il me donnera du courage. Ces réflexions faites, il entra. A l'approche de l'étranger :

— Qu'est-ce qui me procure l'honneur de votre visite, demanda le prêtre regardant Olek d'un air inquiet et méfiant?

— Je ne sais pas trop comment vous préciser ma demande, M. le curé; j'aurais besoin de vos conseils!

— Que Dieu vous inspire, Monsieur. Dans d'autres temps, le prêtre aurait dit mon fils.

— Ne pourrais-je trouver du travail ici, avec votre recommandation?

— Je ne vous connais pas.

— Je suis homme et chrétien.

— J'en suis fâché, mais nous autres pasteurs de ce pays devons nous tenir en garde et craindre que quelque brebis galeuse ne vienne se glisser dans le troupeau confié à nos soins. — Ainsi, ne vous connaissant pas, je ne puis rien pour vous.

— Vous avez raison, Monsieur le curé. Mon Dieu n'est pas le vôtre, il n'a pas voulu vous choisir pour manifester sa miséricorde à mon égard, dit alors Olek d'un ton qui attestait une profonde conviction et qui ôtait à ses paroles toute intention de blasphème.

— Votre Dieu n'est pas le mien, répartit le curé vivement en élevant la voix. Impie, blasphémateur, hérétique! cria-t-il avec véhémence, pensez au salut de votre âme ou craignez les flammes de l'enfer et ses supplices éternels!

— Monsieur le curé, ne menacez pas, priez plutôt Dieu qu'il vous éclaire! Olek prononça ces paroles d'une voix d'indulgente commisération et se retira.

Le prêtre et le financier le traitèrent donc avec la même défiance. Le prêtre et le financier ne pouvaient rien pour lui, il leur était inconnu et *n'a pas de travail qui veut.*

Nous avons expliqué, tant bien que mal, les raisons du banquier, voyons à présent les raisons du prêtre.

Deux catholiques sont en présence, tous deux membres de la même communion, devant laquelle s'effacent pays, distances, langues, positions, pour se confondre dans l'église, une et indivisible. Mais cette unité n'existe plus que comme glorieux monument du passé, haut témoignage des services du catholicisme rendus à l'humanité.

Aussi ces deux catholiques ne pouvaient pas se comprendre.

Les liens qui unissaient leurs croyances dans le passé furent bientôt brisés. Le prêtre prouva qu'il avait perdu confiance dans son pouvoir sur les âmes — et le laïque dit hautement que son Dieu n'était pas celui du prêtre. Le prêtre répondit par une menace qui n'aurait plus effrayé des paroissiens bas-bretons ; le laïque prit le prêtre en pitié. Voilà où nous en sommes de cette sublime unité religieuse qui jadis régnait noblement sur le monde.

Qu'aurait fait le prêtre d'autrefois ?

Il aurait appelé l'inconnu se présentant à lui, comme dans ce moment Olek, au tribunal de la pénitence ; l'inconnu aurait fait sa confession, le prêtre aurait reçu cette confession pour complète ; l'inconnu absout, consolé, béni, aurait trouvé dans quelque monastère un asile, du pain et le moyen de continuer sa route. Les pont-levis se seraient partout abaissés, et l'hospitalité des châteaux aurait abrité le pauvre voyageur.

Où sont les monastères et les châteaux aujourd'hui ? Ils ont disparus ; mais qu'avez-vous mis à leur place ? Vous avez mis des usines, vous avez entr'ouvert la porte au travail, à l'activité des hommes; c'est bien; mais salaire n'est pas charité, exploiter la sueur du travailleur n'est pas charité, le tenir dans la dépendance de vos calculs égoïstes n'est pas charité; *ne pas avoir de l'ouvrage pour tous* n'est pas charité : ainsi vous reformerez vos usines.

D'où viendra la reforme? L'humanité n'a rien à espérer de Rome. Rome ne peut plus lui rendre ses monastères ni ses châteaux, et elle ne sait pas le premier mot de son avenir. Le pape n'a plus que du *plomb* pour convaincre et consoler!

L'humanité n'a rien à espérer de Saint-Pétersbourg, où règne aussi un pape. Celui-ci s'agite violemment pour imposer l'unité religieuse, et prélude ainsi à l'unité panslavienne. Il n'a, lui aussi, que la *Sibérie* et du *plomb* pour convaincre et consoler !

Imposer une religion! Sommes-nous une matière inerte qu'on peut pousser du pied où l'on veut? La matière inerte, quelle que soit la direction que nous lui donnions en la déplaçant, gravite toujours vers le centre; *l'homme*, matière et esprit, malgré la contrainte et l'oppression, gravite vers le centre, foyer de sa conscience, de sa raison, de son intelligence, vers Dieu! Le czar peut acheter la conscience des uns, intimider ou garotter la conscience des autres; que pourra-t-il contre la conscience, contre la raison de *l'homme*? L'idée de l'unité slave, cette parcelle des vues de Dieu sur l'humanité, n'est que l'usurpation dans les mains du czar. Cette idée n'a germé dans la tête du pape moscovite que comme un blasphème et un sacrilége.

Cependant, dans nos luttes contre l'usurpation et le joug du pape schismatique, nous, catholiques, nous n'avons rien à espérer du chef de l'église catholique.

En effet, qu'a-t-il de sérieux à opposer au czar? Sur quel verset de l'Evangile peut-il appuyer la supériorité de sa morale? Eh! peu importe à Dieu, peu nous importe à nous la différence de communion, si, au lieu d'amour en commémoration du Christ, on montre de part et d'autre des mains trempées dans le sang du peuple qu'on fusille, comme on a crucifié le Christ!

Quelques amis nous disent : Soyez catholiques, par cela seul que votre ennemi est schismatique. Nous sommes catholiques, parce que nous aspirons à l'unité sociale qui doit amener l'unité religieuse, en nous faisant mieux connaître Dieu et nos destinées. Nous sommes catholiques, car nous croyons que le royaume de Dieu est de ce monde et qu'il sera proclamé par toute la terre. Nous sommes catholiques, parce que, croyant à la solidarité entre tous les êtres, nous pensons que l'amélioration de l'existence des hommes dans les sphères ultramondaines dépend du progrès que fera la société ici-bas. Certes, si ces croyances toutes rationnelles, embrassant les mondes dans une unité sans fin, ne sont pas orthodoxes aujourd'hui, elles ont pour elles les siècles d'avenir, et nous sommes catholiques de l'avenir.

La réforme ne viendra pas non plus de l'étroit protes-

tantisme qui, en découvrant jadis les erreurs du catholicisme, avait rendu quelques services à l'humanité, mais
qui désormais est sans mission. Froid comme ses temples
dénudés, sans aspiration et sans poésie, le protestantisme
vivra aussi longtemps que le replâtrage du royaume de
Prusse pourra soutenir sa factice existence, aussi longtemps que l'Angleterre ne se fondra pas dans un nouveau
système social, en se réveillant un beau jour, mourante
de faim, et voyant tous les débouchés fermés à son négoce, ses machines brisées, ses métiers détruits.

Nous avons lu dernièrement dans un auteur éminent
ces paroles éloquentes : (1)

.... « Ainsi il en est arrivé de
» nos jours à l'auteur *de L'indifférence en matière de reli-*
» *gion* : caressé à son départ du Vatican, il était suivi
» du rescrit qui le jetait hors de l'église. Mais l'abbé de
» Lamennais, repoussé par la réforme, a continué à
» croire qu'elle s'accomplirait. Une voie, est-il persuadé,
» partira on ne sait d'où, l'esprit de sainteté, d'amour,
» de vérité, remplira de nouveau la terre régénérée.

» Voilà ce que pense l'immortel compatriote dont je
» pleurerais en larmes amères tout ce qui pourrait nous
» séparer sur le dernier rivage. Rancé, qui s'accotait
» contre Dieu, acheva son œuvre; l'abbé de Lamennais
» s'est incliné sur l'homme : réussira-t il ? L'homme est
» fragile et le génie pèse, le roseau en se brisant peut
» percer la main qui l'avait pris pour appui. »

(1) Vie de Rancé, pages 135 et 136.

Ne devinez-vous pas à ce beau langage que c'est M. de Châteaubriand qui parle? Nous citons cependant ces quelques lignes tracées de la main du maître, pour les réfuter. Nous avouons franchement que pour accomplir cette tâche difficile, en présence de ces deux noms qui ont illustré une nation et une époque, le courage nous aurait manqué si la conviction profonde et le sentiment du devoir ne nous soutenaient:

Qui sommes-nous, en effet, et d'où venons-nous, pour contredire un Châteaubriand?

M. de Châteaubriand nous pardonnera; nous nous adressons dans ce récit aux hommes qui souffrent de toute la douleur de leur patrie; la grandeur du génie ne s'offensera pas de ce rapprochement avec la grandeur de l'infortune.

Ainsi nous demandons la permission de dire. nous qui ne croyons pas au salut individuel, nous qui ne croyons pas que s'isoler de la société et se renfermer dans un cloître pour creuser sa tombe, soit remplir sa destinée et servir les vues de Dieu, nous demandons la permission de dire que Rancé n'a pas rempli son œuvre. La société n'a rien à voir ni à profiter de son abnégation toute personnelle. Rancé, dans son cloître, a fini par haïr les hommes, croyant complaire à Dieu, à Dieu qui est amour et qui nous commande expressément d'aimer notre prochain. Rancé s'abstient de juger les autres dans la *crainte* d'être jugé lui-même; il va expier ses fautes de jeunesse dans la pénitence, dans la *crainte* d'une damnation éternelle. C'est donc toujours la crainte et point le dévoûment. Nous serions tentés de croire que Rancé était plus chrétien comme amant de madame de Montbazon que comme trappiste.

« Par Rancé, dit M. de Châteaubriand (1), le siècle de » Louis XIV entra dans la solitude et la solitude s'établit » au sein du monde. » Mais comme la vie solitaire ne convient pas à la nature de l'homme et qu'elle est tout-à-fait incompatible avec la destinée sociale, après Louis XIV est venue la régence, puis le règne de Louis XV, ensuite 1789 et enfin 1793 pour rappeler à la France que son rôle est ailleurs que dans le repos de la solitude et que la pénitence austère de Rancé n'avait rien expié.

Quant à M. de Lamennais, nous partageons sa foi : la réforme s'accomplira, l'esprit de sainteté, d'amour et de vérité remplira la terre régénérée, seulement nous croyons savoir d'où partira la voix.....

Non loin du presbytère où notre ami vient de laisser le prêtre agité de la *sainte* colère, s'élève la modeste et séculaire église de la paroisse. Elle a légué à ses hôtes d'aujourd'hui tout ce qu'elle a pu conserver du moyen-âge, son berceau : ciselures, bas-reliefs, vitraux, tout, moins la fervente foi des fidèles. Olek pénétra dans l'église. Désillusionnés sur nos semblables, nous sommes portés à méditer les symboles. Notre ami contempla avec un recueillement profond la divine image du Rédempteur, du Sauveur du monde, le seul symbole de la vraie science,

(1) **Vie de Rancé,** page 161.

de la vraie morale, de la fraternité humaine ; la seule
source de résignation, de dévoûment, de persévérance.
Oh ! la loi du Christ n'eût-elle pour interprètes que les
empereurs de Russie, cette loi passera intacte et pure
dans les cœurs des peuples, sitôt qu'ils pourront découvrir, sous les souillures entassées sur la croix par les
mains impies des imposteurs de tous les siècles, le vrai
sens de ce précepte sublime :

Aimez-vous les uns les autres.

Quand Olek eut retrempé ses forces à cette source
divine, il reprit le chemin de sa demeure pour y chercher un des livres composant sa bibliothèque de voyage,
aliment quotidien de ses études et de ces méditations.
Ensuite il se dirigea vers une maison où il entra pour
prendre part à une assemblée extraordinaire qui devait y
avoir lieu.

Les proscrits célébraient ce jour-là par toute la France,
l'anniversaire de leur révolution.

IX.

L'heure précise où, à Varsovie, l'élan généreux de la
jeunesse militaire et des écoles avait jeté le premier cri
de guerre et donné le signal du combat, sept heures du
soir venaient de sonner : tous les proscrits accourus à la
ville de......, point central de leur résidence, se réunirent
dans une salle spacieuse, d'un aspect pauvre et austère.
Tous, la tête couverte comme les pélerins, toujours
prêts pour la route, ils se groupèrent en silence autour
du siége du président qu'ils venaient d'élire. Celui-ci se
leva et prononça ces paroles :

« Frères et compagnons,

» Réunis pour célébrer l'anniversaire de la révolution

du 29 novembre, nous ne venons pas pleurer sur la tombe de notre patrie, mais témoigner hautement qu'elle n'est pas morte.

» La Pologne est une de ces nations qui ne meurent pas : son existence est nécessaire à l'humanité.

» La Pologne couvrit longtemps de sa poitrine l'Occident occupé à se civiliser dans son intérieur ; elle l'aida à répandre la lumière sur l'Europe. Au Nord, elle enseignait le christianisme, la liberté, l'amour de la patrie. Aujourd'hui encore, l'Occident n'a qu'à prononcer le nom de la Pologne pour faire bondir d'épouvante le féroce Asiastique ; et l'esclave Russe, notre vainqueur, tout en l'écrasant sous son joug, fait chez elle son apprentissage d'homme.

» Aux jours de sa puissance, les peuples déposaient des sceptres à ses pieds ; elle repoussait les sceptres, mais partout elle défendait le faible contre le fort, sans se préoccuper de ce que le faible, devenu puissant, grâce à elle, pouvait un jour percer les flancs de sa bienfaitrice.

» Ce jour arriva !

» L'Autriche est encore debout, et la Pologne est dans les fers ! — Mais la chrétienté est sauvée !

» Un peuple qui, ayant reçu une mission toute de dévoûment, la remplissait avec héroïsme, n'est pas sans avenir. Il doit vivre, ne serait-ce que pour perpétuer dans le monde le symbole vivant de la solidarité humaine, qu'il avait le mieux compris et dont peut-être il avait seul donné l'exemple !

» La Pologne a donc sa raison d'être ; son nom ne peut être effacé ni aliéné : il est écrit sur le front de nos amis et de nos ennemis ; pour les uns c'est un signe d'espérance, pour les autres un stigmate de honte. Ce nom est gravé partout ; il est lié à la terre depuis que les mouvements éternels créés par Dieu ont été devinés par notre Copernic.

» Cependant la Pologne est dans l'esclavage !

» Ce n'est qu'un temps d'arrêt dans notre histoire. Le présent corrige rudement certains errements du passé et prépare un nouvel avenir.

» Nos pères, depuis 1772, essayèrent souvent de reprendre leur ancienne position dans le monde ; mais les temps ne s'étaient pas encore accomplis. La liberté reparut plusieurs fois, hélas ! pour quelques-uns seulement ; aussi ne dura-t-elle que quelques jours !

» Le 29 octobre 1830, la Pologne ébranla de nouveau ses chaînes, souleva sa tête et nous regarda prendre les armes pour sa délivrance ; elle voyait notre amour et notre courage, mais elle ne pouvait pas encore attendre son salut de ses fils, qui n'espéraient pas assez eux-mêmes.

» Un peuple, grand et magnanime aux jours de sa puissance, doit espérer en Dieu aux jours de revers et d'épreuves, s'il ne veut pas pour jamais abdiquer sa mission.

» Si sa haute mission était de servir de bouclier aux uns et d'auréole aux autres peuples, c'est à lui, à lui seul, quand il est dépouillé, meurtri et laissé pour mort, à étancher son sang, panser ses blessures, se rallier avec *toutes ses forces* sous le même étendard qui tant de fois l'avait conduit au combat pour la cause sacrée de la patrie, et de servir de nouveau de bouclier et d'auréole.

» Parmi les peuples qu'il assistait jadis de son bras et de ses ressources, les uns aujourd'hui ont besoin de la paix, pour continuer leur noble tâche d'enseigner le monde ; — les autres portent le joug.

» Les uns ne doivent pas être distraits de leurs grands travaux, les autres n'attendent peut-être qu'un encouragement, qu'un exemple, qu'un signal de la Pologne, leur ancienne suzeraine.

» Nous avons donc compris enfin que, pour revivre, nous ne devons compter que sur nous-mêmes ; que la Pologne, destinée à unir à elle et à protéger comme jadis les races de sa souche, doit leur présenter une idée nette et positive de leur émancipation, et avant, se relever elle-même et donner la preuve de sa force et de l'excellence de sa nouvelle politique.

» Pour se relever, il faut expier et réparer les fautes qui nous firent tomber.

» L'expiation continue, elle s'achève peut-être, et avec elle notre éducation sociale.

» D'un moment à l'autre peut retentir un hourra de guerre, une voix peut s'arracher en accents chéris d'une poitrine *inconnue*, faire tressaillir d'enthousiasme nos chaumières et nos villes, et rendre accessible aux cœurs les plus humbles et les plus asservis le sentiment de la sainte DIGNITÉ humaine.

» Quand nous oserons, à l'appel de cette voix, regarder la *terreur* en face, la *terreur* s'évanouira comme une ombre !

» Cette voix puissante qui va rallier tous les Polonais au nom de la dignité humaine, MÈRE de fraternité et de liberté, voix que nous pressentons : Dieu la tient suspendue sur nos têtes !

» Frères ! soyons prêts et *unis de cœur*, pour ne pas être les derniers au réveil de la patrie ! »

» Prêts et unis de cœur, » répétèrent tous les assistants quand le président eut fini ; et on lisait dans leurs regards, on devinait à la spontanéité de leur exclamation, à la franche et énergique vibration de leur voix, qu'ils étaient réellement prêts et unis.

Après ce discours d'ouverture, d'autres discours succédèrent ; les assistants se communiquaient, par leurs orateurs, leurs souvenirs et leurs espérances. Ils bénissaient la France hospitalière, rendaient hommage à la mémoire de leurs martyrs, envoyaient des vœux à leurs familles, aux prisonniers de la citadelle de Varsovie, aux déportés de Sibérie, qui sans doute, avaient aussi, ce jour-là, une pensée pour les exilés, portaient plus librement leur boulet, respiraient plus à l'aise dans les mines.

. . . .

Les proscrits terminent ordinairement la solennité de cette anniversaire, surtout en province, par des chants patriotiques et par la musique. Pour ce soir-là un des leurs, habile artiste et professeur de violon, composa un petit poëme musical, approprié à la circonstance. La pensée de ce poème, c'était le passé de la Pologne, toutes les phases de son histoire, sa vie entière et sa chute.

L'introduction parle de la Pologne avant le christianisme, dans son existence patriarcale, au sein de la nature paisible, champêtre, au milieu du bruissement des forêts et du champ des oiseaux. Dans cette partie, règne le son de la guinsla (1). Sa mélodie est simple, calme et plaintive. Tout-à-coup un vent impétueux se lève, les orgues raisonnent, comme frappées par le souffle violent d'un ouragan : c'est la première révélation du christianisme. Les orgues se taisent, la guinsla reprend. Ensuite pendant quelques instants parlent tour-à-tour la guinsla et les orgues, en imitant la lutte de la Pologne payenne avec la Pologne chrétienne. Mais la voix des orgues devient plus puissante, plus solennelle ; celle de la guinsla plus faible, plus sombre : elle gémit, verse des larmes douloureuses et meurt couverte par la voix de la trompette guerrière. Dans ce gémissement, comme dans ces fanfares, se mêlent les pleurs enfantins de la Pologne chrétienne, avec son premier hourra de guerre, symbole de sa mission et de sa vie ultérieure. Le bruit de la trompette s'arrête ; le son d'un hymne grave, simple, religieux se fait entendre à plusieurs reprises avec l'accompagnement de la trompette à chaque strophe.

(1) *Guinsla,* instrument primitif chez les Polonais. Toutes les fois que nous la mettons en jeu, dans cette description musicale de notre histoire que nous avons imitée d'un célèbre poète polonais, M. Severin Goszczynski, en l'interprétant selon nos idées, la *guinsla* représente le principe de la nationalité polonaise.

C'est l'hymne de la *Mère de Dieu* (1), hymne de la Pologne, combattant au nom du christianisme. Les sons de cet hymne deviennent par degrés plus forts, plus pleins. A chaque changement de ton, un nouveau sentiment pénètre dans l'ensemble de la musique : c'est la sauvage kobza (2) des montagnards, c'est la lyre russienne, c'est le torban de Kozaks, c'est le cor lithuanien, le génie de la Pologne s'étend et se complète du génie des races voisines. Un instant après, de tous ces instruments, une marche solennelle sort triomphale : la Pologne est à l'apogée de sa puissance. Mais voici bientôt le déclin. La trompette sonne plus vibrante, rend des tons à chaque mesure plus discordants, et absorbe enfin , par un bruit sauvage, toute la musique. On voit qu'une partie guerrière de la nation s'élève au-dessus du peuple entier, et alors commence la dispute de divers sons ; tout annonce le désaccord et le désordre. La lyre, la kobza, le cor éclatent avec violence les uns après les autres et disparaissent impétueusement en gémissant comme si les cordes se brisaient. La trompette sonne encore, mais sa voix faiblit par degrés, et si parfois elle se fait entendre avec

(1) En polonais *Boga Rodzica*, premier chant chrétien en Pologne, composé par Saint-Albert.

(2) *Kobza* et autres instruments de musique dont il est question ici, qui datent de la plus haute antiquité et se conserve toujours chez le peuple dans les diverses provinces de la Pologne, représentent dans ce récit chacun sa province. Le *torban* de Kozaks est un merveilleux instrument, capable d'inspirer à l'homme le plus simple un grand vouloir et un grand courage.

quelque force, ce n'est ensuite que pour murmurer à peine et s'éteindre.

Telle est l'effet de l'œuvre musicale composée pour la solennité du 29 novembre. L'artiste travaillait à cette œuvre sous l'influence de la pensée de lier ensemble toutes les contrées de la Pologne, bien convaincu que ses enfants s'aimeront plus vivement, et s'uniront plus étroitement, quand ils se comprendront mieux ; c'est-à-dire, quand ils parleront le langage qui consiste non-seulement dans les mots, mais pour la plus grande partie peut-être, dans les sentiments et dans l'expression immédiate de ces sentiments.

L'exécution de ce poème rencontra de nombreuses difficultés. Dans la texture de l'œuvre, il entrait tant de sons hétérogènes, que pour les rendre convenablement, il aurait fallu composer un orchestre, et notre compositeur, seul était musicien parmi ses compatriotes, peu nombreux dans cette contrée. Le violon était l'instrument sur lequel il excellait ; il choisit le violon. Ce n'est pas sans peine qu'il parvint à imiter les sons étrangers à cet instrument. Cependant le succès fut immense. Les auditeurs, que l'artiste conduisit au berceau de leur patrie, et de là, après avoir déroulé devant eux toutes les phases de son histoire, sur son tombeau où il les fit s'agenouiller avec lui, les auditeurs, tenus attentifs et haletants sous son archet, n'applaudirent pas, quand il eut fini, ils éclatèrent en sanglots.

Mais ils n'eurent pas encore assez de cette douleur :

dans de telles circonstances, la tête tourne, on est anéanti, on s'affaisse, on tombe, et ensuite, quand la prostration morale et physique semble vous laisser un moment de répit, le premier signe de force que vous donnez , c'est de porter avidement vos lèvres à la coupe enivrante. Certaines douleurs morales ont tant de charmes et donnent tant de volupté qu'on ne demande qu'à souffrir, souffrir encore, souffrir longtemps! Nos auditeurs, à peine remis de leur première émotion, demandèrent au musicien de recommencer ; Olek seul, d'une voix entrecoupée, dont le timbre se perdait dans l'attendrissement et les pleurs, se hasarda à leur dire : Avant de recommencer, demandez-lui qu'il achève. Ce n'est qu'alors qu'on aperçut un frère inconnu. — Proscrit, en cette qualité, il avait l'entrée libre à la réunion des proscrits ; personne ne s'étonna de sa présence, chacun le salua comme on salue un ami ou un hôte attendu, cependant il leur était *inconnu!* Ne pensez-vous pas, lecteur, qu'un jour viendra où pour être admis, reconnu, on n'aura plus besoin de certificats, de passeports, d'introducteurs ; tout homme portera avec lui, sur son front, le signe distinctif de reconnaissance, image de Dieu! Mais alors on ne se rappellera plus les mots : *défiance, piége, astuce, trahison,* que pour raconter la triste histoire du passé.

Olek se nomma ; plusieurs de ses compatriotes se souvinrent d'avoir lu ses ouvrages ou entendu parler de l'auteur ; cette circonstance lui valut le meilleur accueil, et quand il réitéra sa proposition, tous unanimement prièrent l'artiste d'achever. Celui-ci, un peu surpris, protesta qu'il avait tout joué et qu'on pouvait s'en rapporter à lui.

— Non, ce n'est pas encore tout, affirma Olek, et si vous voulez permettre, je finirai ce poème. Le musicien curieux d'entendre la suite de son œuvre se hâta sans objection cette fois de présenter le violon à Olek et les auditeurs se préparaient en silence à des nouvelles émotions.

Olek n'était point artiste; il avait seulement quelques notions sur la musique et jouait d'inspiration. Dans ce moment cette inspiration prit en lui un essor extrême, enveloppa du même souffle le musicien et le violon, ils semblaient ne faire qu'un seul corps, un seul instrument dans les mains d'un artiste invisible, tout-puissant.

Il commença où son compatriote venait de finir, toujours doucement, douloureusement, d'un air sombre, funéraire; à chaque strophe on entendait un gémissement sauvage, entrecoupé de sanglots, ou un bruit comme celui du fer, et quelquefois, mais rarement, le cri rauque de la trompette. L'hymne funéraire mourait, revenait, enfin il se tut. Olek posa son archet sur le violon et dit : J'ai bien vu à vos larmes que vous avez compris le jeu de notre artiste, vous y avez contemplé la mère de vos aïeux, votre propre mère, la Pologne, son existence pendant dix siècles, et ce jeu vous disait : Elle était grande, heureuse, pleine de gloire, elle faisait la guerre au nom du christianisme, et du bonheur des peuples ; vint le satan d'orgueil et de débauche. Il divisa la nation en seigneurs et vassaux ; livra aux maîtres la vie de la nation et le bonheur des hommes ; inspira la haine aux uns et aux autres, et les plongea tous dans les fers des étrangers. Voilà ce qu'il vous a dit avec son éloquent instrument, il n'a pas tout dit. La Pologne est dans la tombe, mais elle vit. On n'entend pas sa voix sur terre, mais sous terre ; vous venez de l'entendre dans mon jeu, à présent, voyez comme elle va ressusciter : et il reprend le chant funéraire, mais ce n'est plus cet accord bas, sourd, sombre, traînant, sortant de sous terre, comme tout-à-l'heure ; il gémit encore, mais dans ce gémissement, il y a déjà plus de vie, le mouvement des sons redouble de vitesse, les variations, plus marquées par degrés, deviennent ensuite plus tumultueuses ; kobza, torban, cor forestier, se font entendre tour-à-tour, le son de la guinsla, faible d'abord, revient ensuite plus fréquent, plus sonore et reprend enfin la première place. Tous les autres tons se changent en accompagnement, et de la parfaite harmonie du chant sort doucement une enivrante mélodie, pleine d'amour. La guinsla élève encore plus haut sa voix qui semble grandir par le bruit des caisses et les sons de la trompette. Tout-à-coup cette musique exprime tout le désordre apparent d'une lutte, tout les tons se confondent ; on n'entend plus que les cris sauvages, toujours cependant dominés par le motif de la guinsla. Cela ne dure qu'un instant ; le bruit augmente, faiblit, augmente encore, toujours avec plus de force, jusqu'à ce que le son de la trompette, se levant au-dessus de tous les tons, donne le signal à tous les instruments d'entonner le chant universel de la joie du triomphe. Toute la musique se fond enfin dans le solennel et pieux accord des orgues.

Voilà, dit alors Olek remettant le violon à l'artiste, le réveil de la patrie.

L'esclave comprend le cri de la liberté et d'amour et tourne ses armes contre son maître — ou il expie par sa mort le crime d'avoir voulu rester esclave.

A celui qui veut être au-dessus, à celui qui se résigne à rester au-dessous de ses frères, esclave ou czar, le même châtiment est réservé.

Les esclaves se sont ralliés ou ils sont morts.

La dernière bataille est livrée, la victoire est aux hommes libres. La parole de fraternité et d'amour parcourt la Pologne d'une frontière à l'autre. Voilà ensuite la lutte des formes et des systèmes politiques contre les réformes et les institutions sociales; ces dernières triomphent enfin, et aux sons des orgues le règne de Dieu descend sur la terre polonaise.

Compagnons! tel est l'avenir de notre patrie; ses premiers rayons ne luiront qu'au-delà de nos tombes, il n'est pas moins de notre devoir de travailler à l'accomplissement de cette glorieuse destinée et de mourir consolés d'avoir rempli notre mission.

Pour vous initier aux voies secrètes de la transformation de l'humanité, et avant tout peut-être, de la Pologne, voici la clé. — Elle vous ouvrira les portes de l'édifice mystérieux, où vous pourrez apercevoir dans le lointain l'avenir du monde et de votre patrie, le règne de la fraternité vraie, du bonheur réel, et quoique ces biens ne nous soient pas réservés, nous y aurons contribué pour notre part; nos efforts, nos larmes, nos martyrs n'auront pas été stériles. Soyons heureux de la félicité des générations futures. Après avoir prononcé ces paroles, il posa sur la table un livre que nous l'avons vu emporter de chez lui; ce livre avait pour titre : SOLIDARITÉ (1).

Tandis que quelques-uns des assistants s'empressaient autour du livre, et les autres auprès d'Olek, en lui faisant des questions au sujet de cet ouvrage, on entendit frapper à la porte.

Ceci n'est pas un coup de théâtre; cette circonstance ne peut pas plus surprendre notre lecteur qu'elle n'a effrayé les proscrits, gens les mieux intentionnés, réunis dans un pays libre et hospitalier, pour célébrer leur fête nationale : et d'ailleurs c'était tout simplement un facteur de la poste, envoyé là par le maître d'hôtel d'Olek, et lui apportant une lettre.

Mais l'homme qui tout-à-l'heure développait des idées larges et généreuses, qui paraissait doué d'un grand esprit d'observation, *avoir* de vastes connaissances, n'*avait* pas un centime pour payer le port. Il a lu l'adresse, il a reconnu l'écriture, cette lettre était pour lui du plus

____

(1) Ici l'auteur fait allusion à l'ouvrage de M. Hippolyte Renaud, ancien élève de l'École Polytechnique, ouvrage d'un immense mérite.

haut intérêt, néanmoins son premier mouvement avait été de la refuser. Indécis et honteux, il la tenait cependant dans sa main, lorsque le facteur prononça le mot magique : *Affranchie,* et se retira.

Affranchie! Il n'avait pas aperçu, dans son trouble, les deux P. P., bien rouges et bien significatifs qui, dans cette circonstance non-seulement constataient le timbre de la poste, mais aussi témoignaient de l'attention délicate de celui qui, en écrivant à Olek, devinant peut-être sa position, a voulu lui éviter, non pas cette minime dépense, mais un embarras.

Olek brisa le cachet avec une précipitation convulsive; et, l'ayant lu rapidement : Ah! c'est la lettre de ma femme, s'écria-t-il suffoqué d'émotion.

— Tu nous liras cette épître conjugale, nous voulons savoir comment écrit ta femme, la femme d'un savant, demandèrent plusieurs des assistants d'un ton amical.

Ce qui serait une indiscrétion et une inconvenance flagrante dans la vie normale, n'est souvent qu'une preuve d'affection et de sympathie dans la vie d'exil. L'intimité qui règne parmi les proscrits est tellement étroite et pour ainsi dire si minutieuse et si sans gêne, que tous ceux qui vivent en dehors d'eux ne peuvent s'en faire une idée. De se tutoyer, c'est encore l'usage généralement adopté parmi eux; ils n'en exceptent ordinairement que les vieillards.

— Soit, mes amis, répondit Olek, je vous lirai ma lettre; je ne suis connu de vous que de nom, cet écrit vous apprendra peut-être une partie de mon histoire , et voici ce qu'il lut :

« Ma sœur vient de mourir, son mari, installé dans notre maison, y règne en maitre comme du vivant de sa femme. Je me suis décidée à lui faire observer que j'étais pour quelque chose dans son commerce, et qu'il devait au moins me traiter comme associée; ce à quoi il m'a répondu très-sèchement et en termes bien positifs : qu'a-près avoir fait l'inventaire et l'examen des pièces concernant l'achat de notre fonds , il n'avait vu figurer mon nom et ma signature nulle part, et qu'ainsi il ne pouvait me concéder aucun droit, sans préjudice des intérêts de son fils mineur. Il m'a même engagée à ne pas formuler des prétentions que la loi n'admettrait pas, et à aller chercher un asile auprès de mon mari, comme c'est le devoir de toute femme qui se respecte. J'avoue qu'il avait sur moi tout l'avantage que lui donne notre fausse position, ou plutôt la bonne foi dont nous nous sommes rendus *coupables* , en nous contentant d'un engagement verbal avec ma pauvre sœur, déjà sous l'autorité de son mari. Elle est morte, morte après deux ans de mariage, deux ans de pleurs et de douleurs qui l'ont conduite au tombeau, si jeune !

» En deuil de ma fille et de ma sœur, séparée de mon mari, sans ressources pour vivre et pour élever mon enfant, je me crois abandonnée de Dieu et des hommes! J'ai appris de notre beau-frère que tu ne voyages plus; mais ta position? je l'ignore! Pourrais-tu me recevoir avec notre fils? »

— Qu'elle vienne! qu'elle vienne! s'écrièrent les assistants d'une voix unanime, après cette lecture. Si tu n'es pas heureux, nous adopterons l'enfant et sa mère ne manquera de rien.

— Merci, mes frères, merci, votre proposition ne m'étonne point. Ce n'est pas pour la première fois que vous aurez tendu la main au malheur, vous qui avez contribué pour votre part à fonder, au sein de l'émigration, des institutions de secours fraternels (1); vous qui plus d'une fois avez secouru la veuve et l'orphelin du proscrit, en partageant votre pain d'exil avec eux; mais moi, j'ai de la santé et du courage, cela me suffit pour remplir mon double devoir de père de famille et de proscrit. Ainsi donc, ma femme viendra, je travaillerai pour gagner la vie de ma petite famille, et pour apprendre à connaître mieux et par moi-même la valeur du travail. Cet apprentisage, nécessaire à des proscrits, je l'ai commencé depuis longtemps; je le poursuivrai avec plus d'ardeur que jamais, je ne reculerai pas devant les travaux les plus rudes. J'en prends devant vous l'engagement solennel; acceptez-le, mes frères, en remercîment de vos offres généreuses.

(1) Il y a trois ou quatre sociétés de *secours fraternels*, établies à Paris et alimentées par l'émigration.

X.

Quand sa femme arriva, Olek cassait des pierres sur
la route (1)!

La spoliation et la misère devaient réunir cette famille,
que l'incertitude de position avait tenue si long-temps
et si souvent iéparée. Les choses commencèrent enfin
à prendre leur cours naturel.

(1) Si nous cherchons à donner à notre récit un sens moral, nous
l'étayons aussi de certains faits réels, qui se sont passés presque sous nos
yeux. Un capitaine polonais, M. R..., au dépôt de Mont-de-Marsan,
ville hospitalière si jamais il en fut, ennuyé de mener une vie désœuvrée
et présumant peu de ses aptitudes ou n'aimant peut-être pas faire des
démarches, s'enrôla un beau jour, sans se confier à personne, dans les
casseurs de pierres. Au bout de trois mois, il revint à la ville, complète-
ment fou : sa première visite fut au capitaine de gendarmerie, comman-

La femme, dépouillée de son partrimoine, n'avait d'autre appui que son mari, d'autre espoir pour son enfant que le travail et l'avenir de son père. Le mari, de son côté, était assuré que cette réunion, qu'il avait tant désirée, ne devait nuire en aucune manière aux intérêts de fortune de sa femme. Tout se trouva donc pour le mieux, et le bonheur du pauvre commença!

Le bonheur du pauvre? Oui, sans doute!

dant la ville et le dépôt de réfugiés. Rendu chez cet officier, il débuta par se proclamer roi, promettant d'être bon prince. Le capitaine français devina le triste état de santé du pauvre capitaine polonais, il le reconnut roi sans protester et proposa de le faire conduire dans son palais. Il lui donna pour escorte d'honneur deux gendarmes, qui devaient l'amener à l'hôpital. Pendant le trajet, le pauvre réfugié se rappela qu'il n'était pas roi, et, se voyant en compagnie des gendarmes, il s'imagina qu'on le conduisait en prison; effrayé, il se sauva et courut vers la rivière, où il se noya.

Cet évènement tragique nous amène à dire un mot sur la ville de Mont-de-Marsan. Beaucoup d'entre nous sont liés à cette ville par des souvenirs ineffaçables, par le sentiment de reconnaissance. Là, au milieu des landes, nous avons respiré un air presque natal; là, comme dit un de nos écrivains (M. Charles Krolikowski), *la résine de forêts de sapin collait nos cœurs et y infiltrait la concorde.* — Mont-de-Marsan n'est pas riche en population. A notre arrivée dans cette ville, en 1833, les habitants, sous les auspices de leur honorable maire, M. J. DUFAU, firent une souscription en faveur de ceux de nous que la guerre ou la maladie avaient le plus maltraités. La souscription s'éleva à quatre mille francs, sur trois mille habitants, total de la population. — Cependant, ce bienfait collectif d'un chef-lieu de département aurait pu passer inaperçu. Non-seulement les journaux de Paris n'en parlèrent point, le journal même de la localité garda le silence; mais les réfugiés, touchés de cette charité évangélique, n'ont pas laissé ignorer à la France le don généreux et la manière plus généreuse encore avec laquelle il a été offert.

Nous sommes loin de préconiser la misère et de vouloir la consoler par des exemples ou des promesses de salut. La misère est incompatible avec les richesses que Dieu a semées avec tant de munificence sur la terre, et nous sommes convaincus que cette plaie hideuse disparaîtra du globe aux jour sde bonne administration de notre planète.

Mais, au milieu des luttes de notre société transitoire, heureux est le pauvre qui sait triompher de sa misère!

Heureux est le pauvre qui ne sait ni blasphêmer ni maudire!

Qui, à chaque nouvelle douleur, puise des forces nouvelles dans son dévouement!

Qui, à chaque nouvelle injustice, n'a que des paroles d'indulgence et des excuses pour ses frères!

Qui donne de l'amour pour de la haine!

Heureux est le pauvre qui ne lève sa voix que pour consoler et encourager et son bras que pour protéger le faible et combattre les ennemis de la patrie!

Heureux est le pauvre qui, pour compagne de sa misère, possède une femme véritablement chrétienne!

Olek et sa femme consacrèrent la première soirée de leur réunion aux joies domestiques. Le père voyait son fils pour la première fois, il le caressait, le berçait et osait rêver pour lui un heureux avenir. Un autre enfant dont on se souvient sans doute, une fille bien aimée, la première née et la première pleurée, ne fut pas non plus oubliée, et quelques larmes en souvenir du passé vinrent se mêler à l'espoir du présent. La joie de cœur n'exclut pas les souvenirs et les pleurs!

Ensuite, ils s'entretinrent un peu de leur beau-frère. La femme disait :

— Nous pourrions l'appeler à serment.

— Epargnons-lui un parjure, répondit le mari. Laissons-le avec sa richesse qu'une faillite peut dévorer dans un jour. Tu es auprès de moi, je puis embrasser mon fils, il ne m'en faut pas davantage, et je n'épargnerai rien pour te rendre heureuse, malgré ma pauvreté.

— Avec toi, un morceau de pain me sera bon, je ne crains pas pour moi, mais pour cet enfant.

— Sophie ! l'héritage de Dieu est grand.

Sophie comprit son mari et lui tendit la main.

Le lendemain, avant le jour, Olek se leva et s'apprêta à sortir.

— Où vas-tu donc de si bon matin, lui demanda sa femme ?

— Travailler ! c'est l'heure.

— Est-ce que tes bureaux s'ouvrent à cette heure ?

— Mes bureaux sont en plein air.

— Comment donc ?

— Je surveille les ouvriers sur la route. — Il n'osa lui avouer qu'au contraire il était surveillé lui-même. Ce n'est pas la fausse honte qui lui dicta cette réponse ; il ne voulut pas trop alarmer sa pauvre femme.

— Bon Olek, c'est bien pénible, soupira Sophie.

— Ce n'est qu'en attendant mieux, répondit-il pour la consoler. Il l'embrassa tendrement, déposa un baiser sur les joues fraîches et vermeilles de son enfant, puis il sortit. L'enfant se réveilla et la mère lui présenta son sein, travail pénible, et plus pénibles encore les soins qu'exige l'enfance; ils seraient au-dessus des forces de la femme, si l'amour maternel n'était là pour fortifier son courage et lui faire chérir sa *croix*.

Un jour que notre ami s'occupait avec ardeur des détails de son nouvel *emploi*, une chaise de poste s'arrêta sur la route, à l'endroit même où il travaillait. Un Monsieur jeune encore, aux manières polies et à l'air aristocratiquement bienveillant, en descendit et s'adressa aux travailleurs en bon français, quoique d'un accent qui trahissait une origine étrangère :

— Mes amis, venez au secours de mes gens, je vous prie, dit-il; une pièce de ma voiture vient de se casser, et je voudrais pouvoir continuer ma route.

L'ouvrier français est toujours disposé à donner un *coup de main*; aussi se mirent-ils à l'œuvre avec empressement. Olek ne se donnait pas le moins de mal; il attira l'attention du Monsieur à la voiture qui, frappé de sa physionomie étrangère, l'interpella ainsi :

— L'ami, vous n'êtes pas Français?

— Non, Monsieur,

— Vous êtes sans doute de l'un de nos pays du Nord?

— Vous vous connaissez en types, Monsieur.

— Peut-être mon compatriote? Ici, il prononça quelques mots dans une langue étrangère, auxquels Olek répondit dans la même langue. Ils se nommèrent tous deux. En entendant le nom de son compatriote, le jeune seigneur jeta un cri de surprise.

— Mais je connais votre famille, s'écria-t-il, et vous travaillez ici !

— Oui, comme vous voyez. Je dois du moins à cette circonstance l'heureuse occasion de vous rencontrer, de vous entretenir de nos espérances, vous qui venez directement de Pologne, dit Olek d'un ton pénétré et satisfait.

— De nos espérances ! Est-ce que vous espérez encore? demanda le voyageur d'un air de doute.

— Vous n'espérez donc plus?

A cette question d'Olek, le jeune seigneur se mit à sourire.

— Si j'espère quelque chose dans ce moment, dit-il, c'est de passer agréablement mon temps à Paris. Connaissez-vous Paris ?

— J'y ai habité pendant plusieurs mois.

— Oh! alors vous êtes un homme précieux.

— Que de trésors de sciences renferme ce centre de grandes et lumineuses idées, d'où elles se répandent sur le monde, s'écria Olek avec chaleur. Vous qui êtes jeune et en position de consacrer tout votre temps à l'étude, vous pouvez y gagner beaucoup dans l'intérêt de notre patrie : c'est sans doute aussi le but de votre voyage.

— Pas le moins du monde, je vous assure; croyez-vous que je voudrais passer ma jeunesse à me tourmenter l'esprit? mais non. Je parle presque toutes les langues d'Europe, on me les a apprises dès le berceau et je n'en cherche pas plus loin. Grâce à ma connaissance des langues ainsi qu'à mon nom, j'ai eu des succès dans les salons de toutes les capitales que j'ai visitées. Je ne désespère pas de réussir même à Paris. Paris pourrait bien se passer, pour moi, de ses trésors de science dont vous parlez, pourvu qu'il ait des femmes charmantes à m'offrir, des bals à donner, son luxe à étaler, ses plaisirs raffinés, ses mystères impénétrables, connus seulement de quelques élus.

-- Et quelle idée habillez-vous ainsi dans ces formes grâcieuses que votre imagination a rêvées, interrompit Olek, qui écoutait le mauvais disciple d'Epicure sans pruderie, mais non sans réflexion.

— Quelle idée? aucune, j'ai de l'or à dépenser !

— Mais avec de l'or, il faut encore du cœur, de l'élévation d'esprit. Autrement, on ne jouit pas, on s'enivre comme une brute, dit Olek avec gravité. Il m'est arrivé un jour qu'un jeune homme vint à moi et me dit : « Mon cœur bouillonne, tout ce qui m'approche me glace de froid, je ne trouve pas où satisfaire mes désirs, mes penchants les plus nobles; on m'a dépouillé de ma foi, on m'a ravi mes espérances, j'ai des aspirations vers le bonheur, et point de bonheur possible; je veux que mon pays soit libre, et mon pays est dans les fers. Eh bien! je demanderai à l'illusion ce que la réalité me refuse. On donne des fêtes, il y a aujourd'hui un bal au Grand Opéra, j'y cours, qu'on m'entonne un galop infernal, que le punch coule à flots, et quand ma tête sera échauffée, je croirai que la salle est minée, qu'avec le dernier coup d'archet elle va crouler et avec elle le monde entier... pour se relever le lendemain, régénéré et ne respirant que bonheur et amour. » C'était une idée folle, fantastique, mais elle était généreuse. — Oh! sans doute il faut, avant d'arriver à une forme sociale compatible avec le bonheur de tous, subir des transformations lentes et pénibles; mais l'impatience est bien pardonnable à ceux qui voudraient rapprocher le moment de la délivrance. Il est pardonnable, à défaut de la réalité, de chercher un refuge dans l'illusion soutenue par des idées grandes et nobles. Mais vous? vous apportez de l'or pour payer vos plaisirs, et rien pour leur donner un caractère digne d'un homme. Et d'ailleurs, cet or n'appartient-il pas à la patrie? Le serf qui remplit vos coffres regretterait moins la sueur de son front et se plaindrait moins de son sort, s'il voyait que le fruit de son travail va du moins profiter aux intérêts du pays.

— Vous envisagez les choses d'un point de vue trop sérieux, vous êtes un peu trop sévère à mon égard, pour ne pas dire plus, répondit le voyageur piqué de la verte apostrophe d'Olek... Mais votre position vous excuse, continua-t-il avec intention, vous devez souffrir quand on vous parle de plaisir, à vous qui êtes dans la misère.

— La misère a quelquefois aussi ses plaisirs, et, dans ce moment, je ne souffre qu'à cause de vous, dit froidement Olek.

— Singulière idée, en effet, reprit le voyageur! Mais

n'importe, acceptez une place dans ma voiture, et je me fais fort de changer vtore position. Vous m'accompagnerez à Paris, ensuite nous ferons des démarches, nous obtiendrons l'oubli du passé, une amnistie...

Olek, toujours enclin à l'indulgence, irrité d'abord des discours du jeune comte, le voyant lui faire des offres sincères quoique indignes, était plutôt porté à accuser son ignorance que son cœur.

— Pauvre jeune homme, dit-il à part soi, et ensuite ajouta tout haut : — Vous avez donc beaucoup d'influenceauprès du czar ?

— Vous n'êtes pas sans savoir que cette influence n'a jamais manqué à ma famille.

— Elle en a sans doute profité; mais, à votre place, cet héritage me serait à charge.

— Je l'accepte cependant et, comme ma famille, j'en veux profiter moi-même et en faire profiter les autres. Notre maison avait toujours eu une clientelle nombreuse, notre appui, notre crédit ont relevé beaucoup de petites fortunes autour de nous, non sans faire beaucoup d'ingrats. Nous en avons eu aussi qui se sont tournés contre nous dans les occasions décisives; mais ce reproche ne peut pas atteindre les vôtres : ils n'ont jamais rien demandé ni accepté des miens, nous avions même dans votre aïeul un voisin aussi loyal que redoutable.

— Oui, vous me le rappelez, mon grand père qui était à Bar...

— Ne pouvait être ami du mien qui, vingt-quatre ans

plus tard, est allé à Targowica (1), ajouta le voyageur le plus froidement possible.

— Je croyais, s'écria Olek surpris, que de pareils aveux ne pouvaient se faire de sang-froid.

— Mon aïeul y est allé pour défedre les intérêts des hautes maisons du pays...

— Les défendre contre la nation !

— Quand la naissance vous a placé au-dessus de la nation.

— Au-dessus, jamais, vous voulez dire en dehors.

— Qu'importe. Croyez-moi, je n'ai embrassé ni querelle, ni sympathie, ni haine de ma maison : ma devise c'est plaisir, quiétude, insouciance.

— Est-ce que déjà on peut vivre ainsi !

— Et pourquoi pas! quand on veut vivre d'accord avec tout le monde et ne pas se compromettre envers personne. Sur ce point, j'ai assez réussi; quant aux plaisirs, je ne m'amusais plus : je viens donc me retremper à l'étranger. J'y viens peut-être pour une autre cause encore... je fuis ma femme.

— Vous m'étonnez !

J'ai épousé ma cousine, pour raisons de familles, femme aimable; elle n'a jamais su, il est vrai, émouvoir

—————

(1) Confédération de Bar, en 1768. Confédération de Targowica, en 1792.

Nous envoyons nos lecteurs, pour les détails sur ces faits, à Rulhière, qui a écrit, dans son histoire de Pologne, sur la confédération de Bar.

mon cœur. Je l'aime cependant de la calme affection d'un cousin ; mais il y a vraiment du danger à vivre, par le temps qui court, avec une femme de son caractère. Quelle tête exaltée, elle ne rêve que patrie, nationalité...

— Ah ! parlez, parlez. Vous ne m'étonnez plus. Merci ! merci de ces détails ! Ah ! votre femme a de ces idées dangereuses, interrompit vivement Olek, agité de sentiments divers : ironie, joie, attendrissement, qui se confondirent enfin dans des paroles de bénédiction.

— Nobles créatures, dit-il mentalement, levant les regards au ciel, quelle que soit la position où le sort vous a placées ; quels que soient les préjugés au milieu desquels vous avez été élevées, la patrie est toujours vôtre idole ; gardiennes fidèles du feu sacré, femmes de mon pays, soyez bénies !

— Oui, ma femme professe hautement ces idées séditieuses, reprit le voyageur, en répondant à la dernière question d'Olek : et comme, pour le moment, continua-t-il, je ne voudrais pas en être l'éditeur responsable et me compromettre aux yeux de l'empereur, je mets une distance assez grande entre elle et moi, satisfait, du reste, de ces démonstrations patriotiques de ma femme ; car elles pourront me protéger, si les choses changent en Pologne.

— C'est assez prudent, répondit Olek avec ironie.

Ce raisonnement du voyageur ne manquait pas de certaine logique. En effet, il suivait d'instinct les traditions de l'oligarchie polonaise. Elle avait toujours un pied dans le camp ennemi et un autre dans les rangs nationaux. Le père envoyait un fils à la cour du czar et l'autre aux armées des patriotes ; s'étant ainsi assuré une porte de derrière, de quelque côté que se déclarât la victoire, il obtenait presque toujours pour sa famile d'appui ou le pardon.

— Mais n'oublions pas ma proposition, je vous prie, reprit le voyageur après un moment de silence. Je suis on ne peut plus touché de votre triste état, continua-t-il avec franchise. Vous! un gentilhomme, dont les aïeux comptent plusieurs siècles de noblesse, vous! travailler sur les routes, chez les étrangers! Oh! déroger à ce point !!

— Déroger! dites-vous, et vous, que faites-vous de votre noblesse?

— Je continue mes aïeux, répondit le voyageur orgueilleusement.

— Vous ne les continuez pas, jeune homme, vous n'êtes pas à leur hauteur. — Vous ne les continuez pas pour le mal, et je vous en félicite ; vous êtes impuissant pour le bien... Nos aïeux, quand la patrie était en danger, ne couraient pas aux plaisirs; les miens mouraient pour elle, — les vôtres... la trahissaient quelquefois... Il étouffa ces trois derniers mots dans sa poitrine.

— Autres temps, autres mœurs, et d'ailleurs où est à présent le danger pour les gens qui veulent être raisonnables ?

— Stupide avorton! pensa Olek, mais il ne répondit rien.

Le voyageur, prenant son silence pour de l'hésitation, insista de plus en plus. — Acceptez mes offres, disait-il, faites quelque chose pour votre famille; elle serait si heureuse de vous revoir! Allez retrouver votre foyer domestique, manoir de vos ancêtres.

— Manoir de mes ancêtres! Ici, Olek croisa les bras sur sa poitrine, jeta un regard autour de lui. — Mes ancêtres! je travaille ici pour eux, dit-il sourdement, comme s'il s'était parlé à lui-même, présumant peu de l'intelligence de son interlocuteur.

— Vous travaillez pour eux? Parlez-vous sérieusement! s'écria celui-ci.

— Très-sérieusement! Ne sommes-nous pas solidaires?

— Je ne vous comprends pas.

— Vous ne me comprenez pas, cela doit être; la chose est simple pourtant. De leur vivant, le tour de nos aïeux n'était pas encore venu; les vassaux travaillaient pour eux, comme ils travailleront encore quelque temps pour vous. Mais nous, proscrits, qui n'avons ni terres ni vassaux, en travaillant déjà pour nous, nous travaillons aussi en expiation de nos aïeux. Quand vous serez de retour dans notre patrie, dites à nos campatriotes que nous vieillissons, que nous souffrons en exil, pour que les générations nouvelles n'aient plus rien à expier et cessent de souffrir.

— Au fait, j'aurais eu un bien triste compagnon de

mes excursions dans Paris, se dit le voyageur après avoir écouté Olek sans rien comprendre de ses paroles. Souffrir, expiation, exil, laissons ça là ; que m'importe ces mots lugubres, vides de sens, je ne souffre pas, moi! Et s'élançant dans la voiture, mise en état de continuer la route, adieu, dit-il à Olek, bonne chance, bon courage ; à mon retour je ferai votre commission, si j'y pense. Et il disparut au galop de ses chevaux.

— Va, va, tête sans cervelle, murmura Olek après le départ du jeune oligarche. Dans toutes les langues que les nourrices étrangères t'ont apprises, on pourra, à bon droit, t'appeler un misérable et un sot.

. . . .

Dieu, pour le bien de la nation, a permis à cette race, jadis puissante, de s'abâtardir : elle n'aura plus la force de trahir. Après avoir singé toutes les oligarchies de l'Europe, l'oligarchie polonaise a perdu tout ce qui lui était propre : hommes sérieux et grands criminels, sont devenus tout simplement de mauvais sujets, et si l'ancien orgueil de la naissance les tient encore à la gorge, ce n'est pas comme principe, mais comme mode. Être nuls, indignes de la colère populaire, ils tomberont par leur propre faiblesse, avant la tourmente, qui n'aura plus qu'à balayer ces parasites inutiles.

Quant à la noblesse proprement dite, les gentilshommes campagnards sont convaincus, à l'heure qu'il est, que leur mission, comme ORDRE ÉQUESTRE, est finie sans retour, et qu'une autre, comme l'ORDRE ÉMANCIPANT; commence pour eux; ils aiment la patrie, ils sont inspirés de sentiments chrétiens, ils rempliront leur devoir. Demandez plutôt à ces voyageurs qui tous les ans nous arrivent de Pologne, à pieds et sans ressources , laissant dans le pays fortune et famille. Ceux-là ne voyagent pas avec le passeport du czar.

Le jeune seigneur parti, Olek retourna à ses cailloux. Il y travaillait courbé à terre, de l'aube au crépuscule , comme travaillait le vassal de ses ancêtres, le paysan polonais. Le soleil brûlait cette belle tête, la pluie la détrempait....

Est-il resté longtemps à manier sa masse de casseur de pierres?

Certes, notre société dans son incohérence ne reconnaît guère ses hommes d'élite qu'expirés sur le grabat d'un hôpital; mais la France, cette providence des proscrits, veille sur eux avec la sollicitude d'une mère : un des leurs, homme de la trempe d'Olek, qui a *vaincu la misère* et *le travail*, pouvait être oublié un instant, mais jamais abandonné (1).

Après tout, il accomplissait sa mission !

En 1843, au mois de septembre, je devais passer par la ville de C..., ville, où commence la première scène

(1) Un de nos plus estimables compatriotes, pour ne citer qu'un exemple, M. G. Z. ancien élève de l'Ecole des Géomètres et des Architectes avant la révolution de Pologne, mathématicien profond et administrateur capable, a débuté en exil par porter la chaîne: aujourd'hui il occupe une des premières places dans la voirie.

de ce récit. Un compatriote qui y habitait naguère et avait eu la douleur de perdre son fils, me chargea de lui apporter, à mon retour au lieu de notre résidence commune, un souvenir pieux, quelques feuilles de l'arbuste qui ombrage le tombeau de son enfant. Ma première visite était donc au cimetière.

Là aussi était encore debout la croix qu'Olek avait plantée pour sa fille ; mais, à côté de ces restes chéris qu'il avait ensevelis lui-même en leur disant en lettres gravées sur la croix AU REVOIR, il *reposait* lui-même.

La fosse d'Olek avait aussi une croix et un épitaphe :

MOURIR, CE N'EST PAS FINIR : UNE AUTRE EXISTENCE

ET UN AUTRE TRAVAIL.

Cette croyance d'Olek, formulée dans un de ses écrits, recevait une consécration sur sa tombe.

Ces deux épitaphes n'invoquent ni le lugubre néant, ni la vanité et la sottise, emblèmes ordinaires de nos champs de repos, soi-disant catholiques !

Au revoir, TRAVAIL *nouveau,* destinées nouvelles ! il y a dans ces quelques mots la foi et l'espérance.

Devant ces deux tombes, une femme en deuil et un enfant de quatre ans priaient à genoux.

C'étaient la veuve d'Olek et son fils.

A une certaine distance, un jeune homme, d'une figure noble et sévère où étaient imprimés en traits saillants les épreuves ineffaçables de la vie, se tenait debout et tête découverte.

C'était Victor.

Il est venu à C... défendre les intérêts de la veuve et de l'orphelin.

Dans l'intervalle qui nous a séparés de lui dans ce récit, il a embrassé la carrière du barreau et a eu le temps d'oublier Euphrasie, d'épouser une femme digne de lui, et, reçu avocat, de se distinguer dans cette profession.

Mais quand nous disons qu'il s'est distingué dans sa profession d'avocat, nous n'entendons pas par là qu'il ait acquis la faculté de parler quatre heures sans rien dire; nous ne comprenons pas par là qu'à l'appui de sa cause il ne présentât d'autres arguments que des gestes furibonds et des vociférations effrenées, etc.

Non, Victor était un bon avocat.

Puisque la société ne peut pas encore se dégager des contestations et des procès, au milieu du conflit général de tous les intérêts où elle vit, il est à désirer qu'au moins elle ait de bons avocats.

Nous savons que le beau-frère de Sophie s'était emparé de son patrimoine. Olek n'avait jamais voulu entendre parler du procès, tant qu'il put travailler il subvint aux modestes besoins de sa famille, se trouvait heureux de pouvoir se passer de resssources étrangères ; mais tombé malade et voyant sa fin approcher, inquiet du sort de sa femme et de son fils, il écrivit à Victor, lui recommanda sa femme, et le pria de prendre son parti contre son beau-frère, si l'affaire ne pouvait s'arranger à l'amiable.

Victor partit en toute hâte de Paris, quand il arriva à C... son ami était mort. Victor fit quelques démarches auprès du beau-frère qui maintenait ses prétentions déloyales, par les conseils perfides d'un homme d'affaires, espèce d'entremetteur de chicane; il fut intraitable. Ne pouvant lui faire comprendre que les formalités négligées ne sauraient donner tort à l'évidence, et ayant épuisé tous les moyens de conciliation, Victor entama enfin le procès, plaida devant le tribunal de C... et obtint gain de cause, à la grande satisfaction de la ville entière, outrée d'une spoliation scandaleuse.

Sophie entra en possession de sa fortune; Victor, sa mission accomplie, allait revenir à Paris: la tombe d'Olek les réunit pour les rendez-vous d'adieu.

De ces trois personnes, nous connaissons Sophie et Victor; que pouvons-nous dire d'un enfant de quatre ans?

Cependant dans ce cœur d'enfant, la main de Dieu a jeté une semence féconde, un germe de grandes choses.

L'Occident et le Nord, la France et la Pologne, deux sentiments et deux idées identiques sous deux formes diverses; cet enfant les relie dans son cœur, lui, rejeton de deux races !

Mais laissons grandir l'enfant et avec lui les idées et les sentiments des deux nations.

Dieu sait ce qu'il veut !

FIN.

NANTES, IMPRIMERIE V. MANGIN.